진리를 말하다

Telling The Truth
by Frederick Buechner

Copyright © 1977 by Frederick Buechner
All rights reserved.
Korean translation copyright © 2018 by VIATOR

This translation published by arrangement with Frederick Buechner Literary Assets, LLC.
through EYA(Eric Yang Agency).

이 한국어판의 저작권은 EYA(Eric Yang Agency) 에이전시를 통한
Frederick Buechner Literary Assets, LLC.와의 독점계약으로 비아토르가 소유합니다.
저작권법에 의하여 한국 내에서 보호를 받는 저작물이므로 무단전제와 복제를 금합니다.

진리를 말하다

비극으로, 희극으로, 동화로

프레드릭 비크너 지음
오현미 옮김

▶ 일러두기   본문 이해를 위한 옮긴이와 편집자의 설명은 각주로 처리했다.

메이에게 바침

차례

008 진리를 말하다

046 비극으로서의 복음

084 희극으로서의 복음

122 동화로서의 복음

162 주

진리를 말하다

1872년 1월 31일, 헨리 워드 비처▼Henry Ward Beecher는 제1회 비처 설교학 강좌Beecher Lectures on preaching를 위해 예일대학에 도착했다. 비처 설교학 강좌는 헨리의 아버지 라이먼 비처를 기념하여 제정된 강좌였다. 비처의 전기 작가는 이렇게 말한다.

> 간밤에 잠을 설친 비처는 몸 상태가 별로 안 좋았다. 호텔로 간 그는 식사를 마치고 누워 잠깐 선잠을 잤다. 두 시쯤 잠에서 깨어 면도를 하기 시작했다. 시간이 한 시간도 채 안 남아 강연을 어떻게 해야겠다는 계획 같은 건 세울 수가 없었다. 얼굴에 거품을 바르고 면도날을 갈기 시작하는 순간, 갑자기 구름이 걷히고 강연의 윤곽이 통째로 떠올랐다. 비처는 면도칼을 떨어뜨리고 연필을 찾아 쥐고는 급히 메모를 했다. 나중에 말하기를, 강연 내용을 구상하며

▶ 미국 회중교회 목사이자 노예제도 폐지와 여성 참정권을 지지한 사회개혁가. 라이먼 비처 목사의 열세 자녀 중 여덟째로 태어났다. 《톰 아저씨의 오두막》으로 유명한 해리엇 비처 스토우는 바로 위 누나이다. 1874년 비처의 옛 친구이자 신문 편집자, 시인, 노예폐지론자인 시어도어 틸턴은 비처가 자기 아내와 간통했다고 고소했으나 1875년, 배심원들은 끝내 의견 일치를 보지 못했다. 교회와 법정은 결국 비처에게 무죄를 선고했다.

면도하느라 얼굴을 심하게 베였다고 했다.¹

노老설교자가 면도를 하다가 얼굴을 벤 건, 강연의 출처요 구름 사이로 강연 내용을 떠올려 준 내면 세상이 근심의 심연深淵이어서 이 노설교자가 거기 잠겨 있거나 그 심연이 그 내면에 자리 잡고 있었기 때문일 수 있다. 비처가 자기 교인의 아내와 부적절한 관계에 있다는 소문은 이제 뒤에서 수군거리는 단계를 넘어 활자 매체에까지 거의 직접 등장했다. 낯 뜨거운 편지들이 손에서 손으로 돌아다녔고 눈물 바람의 고백도 있었다. 비처를 옹호하거나 비난하는 쪽으로 편이 갈렸다. 정식 고소가 진행되었다. 간통 여부를 따지는 공개 재판이 머지않아 열릴 터였다. 위험에 처한 건 비처의 명성과 이력만이 아니었다. 교회 자체가, 곧 비처가 믿고 상징해 온 모든 것이 위험에 처했다. 예일에 온 것도 바로 그것에 대해 이야기하기 위해서였는데.

얼굴에 거품을 잔뜩 바른 채 면도칼을 들고서 호텔 방 거울을 들여다보고 있을 때 비처가 본 것은 자기 자신의 수치와 공포, 자기 자신의 어리석은 모습, 하나님의 심판보다 더 감당하기 힘들었을 게 분명한 심판, 곧 자기가 자신에게 내린 심판이었다. 이 심판이 하나님의 심판보다 견디기 어려운 건, 하나님은 자비로우신 데 비해 우리는 자기 자신에게 자비를 보이는 일에 그다지 능숙하지 않기 때문이다. 헨리 워드 비처가 면도칼에 베여 피를 흘리면서 첫 번째 비처 강좌를 위해 메모를 한 것은, 그가 다른 어떤 사람이었든, 다른 어떤 사람이기를 바랐든, 혹은 다른 어떤 사람으로 이름을 떨쳤든, 피와 살로 이뤄진 사람이었기 때문이며, 이는 비처의 뒤를 이어 수많은 세월에 걸쳐 이 강좌를 위해 뉴 헤이번에 온 다른 모든 이들도 마찬가지였다.

필립스 브룩스Phillips Brooks, 딘 잉Dean Inge/William Ralph Inge, 해리 에머슨 포스딕Harry Emerson Fosdick, 라인홀트 니부어Reinhold Niebuhr 같은 출중한 인물들이 줄지어 이 강좌의 강사로 왔다. 생각건대 모두 아내에게 잘 다녀오겠다고 입맞춤을 하고—입맞춤할 아내가 있다면—가방을 꾸려 길을 나섰을 것이다. 설교에 관해, 설교한다는 것이 무슨 의미인지에 관해, 어쩌면 설교 말고 다른 것이 더 적절해 보이고 더 이치에 맞게 보이는 경우에도 설교를 하는 이유가 도대체 뭔지에 대해 강연을 하려고 말이다. 생각해 보면 이 사람들은 저마다 자기가 속한 세상을 떠나 예일대학교가 있는 코네티컷에 왔지만 자기 세상을 버리지는 않았다. 아무도 그렇게 할 수는 없기 때문이다. 우리는 작별 인사를 하고 가족과 친구를 떠나 먼 길을 올 수는 있지만, 그와 동시에 마음과 생각과 기분 속에 그들을 담아 가지고 온다. 내가 단순히 하나의 세상에 사는 것이 아니라 하나의 세상이 내 안에 살기 때문이다. 나는 하나의 세상이다. 그 강사들도 다 그 시대의 세상들이었다.

멋진 턱수염, 깔끔한 셔츠, 철테 안경, 반짝반짝하게 새로 닦은 구두 차림의 세상. 이들이 저마다 자기 칫솔을 가지고 왔다는 것만큼이나 분명한 사실은 자신의 사랑과 증오, 죽음과 생에 대한 자신의 두려움, 자신의 불안, 자신의 갈망, 자신의 자부심, 자신의 은밀한 의심도 함께 지니고 왔으리라는 것이다. 달팽이가 자기 집을 짊어지고 다니는 것처럼 이들도 저마다 자기 세상을 등에 지고 왔고, 이들의 강연을 들으러 온 사람들도 마찬가지였다.

강연을 들으러 온 사람들에 대해서도 생각해 보자. 뚱뚱한 사람과 마른 사람이 있고, 나이 든 사람과 젊은 사람이 있었으며, 행복한 사람과 슬픈 사람이 있었고, 영리한 사람과 그다지 영리하지 않은 사람이 있었다. 이들 역시 자기 세상을 지니고 왔고, 거울을 들여다보며 육체로 저지른 간음이나 영으로 저지른 간음, 믿음·소망·사랑의 결핍, 용기의 결핍을 확인했다. 헨리 워드 비처와 마찬가지로, 우리 모두와 마찬가지로, 이들은 저마다 조금씩 피를 흘렸다. "모든 사람이 죄를 범하였"롬 3:23다는 바울의 말은 이를 달리 표현한 말이며, "다 사람이라서 그렇다"는 말 또한 위의 사실을 달리 표현한 말이다. 우리는 다 자기 칼에 베인다. 우리는 다 인간으로 존재한다는, 아니 바라건대 적어도 인간으로 존재하는 길에 있다는 무거운 짐을 짊어지고 수고한다.

우리 각자의 존재 자체인 내면 세상 사이의 거리는 외계의

우주 공간 사이보다 더 멀다. 아니, 달리 말해 우리들 각자의
세상은 똑같은 세상이기도 하다. 이따금 밤잠을 설쳐
몸 상태가 안 좋다. 열 시 도착, 두 시의 선잠. 거울에 비치는
날마다 똑같은 늙은 얼굴. 가슴 깊은 곳이 텅 빈 느낌. 조금
흘린 피. 우리는 다 이런 세상에 함께 있고, 이 세상은 우리
모두 안에 있다. 그러므로 설교자나 강사가 자기 자신을
포함해 아무에게든 정말 중요한 이야기를 하고자 한다면,
우리의 공개적인 부분, 즉 복음에 관한 흥미로운 생각과
복음을 설교하는 방법을 중시하는 부분을 향해서만 말을 할
것이 아니라 우리의 내밀한 부분, 내면, 좋은 꿈이든 나쁜
꿈이든 우리의 꿈이 생겨나오는 부분, 생각보다는 이미지가,
설명보다는 환기喚起가 더 의미 있으며 복음을 어떻게
설교할까 하는 것보다는 복음이 무엇이며 복음이 우리에게
무슨 의미인지에 더 관심을 보이는 우리의 내면을 향해서도
말을 해야 한다. 또 설교자나 강사는 우리 존재의 충만함뿐
아니라 공허함도 다뤄야 한다. 그 공허는 본디 은혜와 평강이
있어야 할 공간이지만 대개는 그렇지 못하다. 놀라울 뿐만
아니라 무서운 일이 우리 모두에게 일어나기 때문이다.

　셰익스피어WILLIAM SHAKESPEARE의 《리어왕KING LEAR》은 장황한
설교 중에서도 가장 막강하기로 손꼽히는 설교로, 여기서도
무섭고 놀라운 일이 일어난다. 리어왕의 표현대로, 어떻게든
정신력으로 살아남는 사람들, 부유하고 권세 있으나 자기

권력에 의해 결국 파멸하는 사람들은 다 "발가벗은 가련하고
비참한 자들"이다. 광인이요 어리석은 이는 지혜자임이
드러나고, 지혜롭고 약삭빠른 이는 바보임이 드러난다.
어리석은 글로스터 노인은 두 눈이 뽑히고 나서야 돌연 자기
자신과 아들들에 관한 진실을 처음으로 보게 된다. 늙고
실성한 리어는 왕관과 왕국을 잃지만 최후에는 난생 처음으로
진짜 왕이 된다. 악한 두 언니의 악행이 마침내 폭로되고,
착한 동생의 순정함은 더할 수 없는 광휘로 빛난다. 그러나
그때 파국이 닥치고, 마지막 막幕에서는 선한 사람과 악한
사람, 지혜로운 자와 어리석은 자, 약한 자와 강한 자 할 것
없이 모두 죽어 무대는 온통 시체로 어지럽고, 에드거만 홀로
남아 막이 내리는 무대 위에서 있는 힘을 다해 더듬거리며 [14]
말한다.

이 슬픈 시간의 무게에 우리는 묵종해야 합니다.
기분이 어떤지 말하세요, 해야 할 말을 하지 말고. 5막 3장 324-325행

이 부분은 《리어왕》에서 가장 감동적인 대사는 아니지만,
가장 인상적인 대사로 손꼽힌다. 이 대사를 통해 셰익스피어가
자기 자신에 대해, 그리고 자신이 이 작품을 쓴 방식에 대해
우리에게 뭔가를 말하고 있다고 보이기 때문이다.
《리어왕》에서 셰익스피어는 상황의 어둡고 모호한 본질을

할 수 있는 한 깊이 들여다본 다음, 그 속에서 자신이 발견한 내용을 걱정 어린 진술로 구체화한다. 그 진술은 그 자체로 가늠해 볼 때 셰익스피어가 발견한 내용에 근접하게 풍성하고 복잡하고 단호하다. 이 진술에서 셰익스피어는 형식이나 명료성이나 훌륭한 취향의 문제보다는 그저 진실을 말하는 데 더 관심을 보인다. 셰익스피어는 리어왕의 모습을 통해 자신을 큰 웃음거리로 만드는 짓을 감행한다. 게다가 눈 먼 글로스터가 사실은 절벽도 없는 곳에서 스스로 절벽에 몸을 던진다고 상상하는 장면이나 리어왕이 옷을 찢으며 말도 안 되는 말을 지껄이기 시작하는 장면에서는 객석에서 킥킥거리는 웃음소리 하나만 터져 나와도 모든 게 엉망이 될 수 있었다. 그러나 진실을 말하려 하다 보니, 진실이 정말 말할 만한 가치가 있을진대 진실을 말하는 자기 자신은 웃음거리가 되어도 좋다는 확신이라도 있는 양, 셰익스피어가 무릎쓰지 못할 위험 같은 건 없어 보인다. 셰익스피어는 이 작품을 좀 더 단순하게 쓸 수도 있었다. 주로 절망을 말하는 드라마로 만들 수도 있었다. 선한 사람이나 악한 사람이나 모두 똑같이 의미 없이 기괴하게 죽는 이야기에는 누구든 절망할 테니 말이다. 아니면 주로 소망을 말하는 드라마로 만들 수도 있었다. 악한 자는 자기가 당하는 고통 때문에 짐승으로 변해 서로 심하게 다투지만, 선한 사람은 잠시 위태위태해도 그 고통 덕분에 존경을 받기 때문이다.

에드거처럼 셰익스피어는 통일성과 명료성과 극적 효과를 위해, 자신의 명성은 물론 정신 건강을 위해서도 이렇게 생각하는 게 좋았을 것이다. 이 작품에서 내가 말해야 했던 것은 절망이나 희망 중 하나였지만, 그보다 나는 두 가지를 다 말했고 그래서 어떤 의미에서 절망이나 희망 그 이상의 무언가를, 절망이나 희망과는 다른 무언가를 말했다고 말이다. 이 작품에서 셰익스피어가 말한 것은 가장 심오한 의미에서 자신의 진짜 감정이었다. 셰익스피어는 상황의 모호한 핵심을, 바꿔 말하자면 자기 자신의 마음과 우리의 마음을 들여다보았고, 힘닿는 한 전체 진실에 근접하게 말했다.

이 작품에서 말하는 진실이 비극이라고 할 때, 셰익스피어는 인간 남녀가 자신의 어리석음과 사악함에 비해 지나쳐 보일 만큼 고통당하는 비극을 이야기했다. 반대로 이 작품에서 말하는 진실이 희극이라고 할 때, 내용이 엄청나게 우습다는 의미에서뿐 아니라 모든 끔찍한 일이 다 해피엔딩을 맞는다는 의미에서도 셰익스피어는 광인과 바보가 벌이는 희극을 이야기했다. 이야기의 진실이 이런 모든 구별을 초월하며 진실 그 너머를 가리킨다고 할 때, 셰익스피어는 일종의 동화를, 등장인물 모두가 자기 자신 아닌 뭔가로 위장을 하다가 종국에는 그 모든 가면이 다 벗겨지고 진짜 모습이 드러나며,《미녀와 야수》의 야수처럼 늙은 리어왕이 자기 품에서 여전히 아름다운 모습으로 죽은 막내딸 코델리아와 함께 마침내 한 인간이 된다는 이야기를 들려 주었다.

늙은 비처 같은 설교자들뿐만 아니라 복음을 말로 표현하고자 하는 사람이라면 누구나, 설령 그 대상이 자기 자신일지라도 이 이야기에서 배울 점이 많다. 이 슬픈 시대의 무게에 우리는 순종해야 한다. 이 시대가 그저 슬픈 시대이기 때문에, 여러 면에서 우리 슬픔의 무게가 삶을 짓뭉개기만 할 때에도 어떻게든 복음을 지탱하고자 하고 증거하고자 하는 사람들에게 이 시대가 슬프고 곤혹스러운 시대이기 때문에 우리는 순종해야 한다. 모호하게 얼버무리거나 핑계대지 말고 우리 시대의 슬픔을 고려함으로써, 우리 시대에 대해 그리고 우리 시대를 향해 말하되, 복음에 대해 우리가 해야 할 말만, 우리가 복음을 위해 말을 한다는 게 어떤 것인지만 말하지 말고 이에 대한 우리 자신의 감정, 우리의 체험까지 말함으로써 우리 시대의 슬픔에 순종해야 한다. 설교자에게 과연 이보다 더 중요한 일이 있을까. 복음과 복음을 설교하는 일이란 다른 무엇보다도, 그리고 어떤 위험이 있든, 진실을 있는 그대로 말하는 것이라고 할 수 있다. 그리고 그 진실을 비극으로, 희극으로, 동화로 생각해 보는 것도 가능하다.

복음은 좋은 소식이기에 앞서 나쁜 소식이다. 복음은 사람이 죄인이라는, 오래된 표현을 빌리자면 사람은 마음속으로 하는 상상조차도 악하다는 소식이고, 거품범벅이 되어 거울을 볼 때 사람 눈에 보이는 건 하여간 겁쟁이, 사기꾼, 얼간이라는 소식이다. 그건 비극이다. 하지만 복음은 어쨌든 인간이 사랑받고, 소중히 여김 받고, 사함 받으며, 확신컨대 피를 흘리기도 하고 누군가가 인간을 위해 피를 흘리기도 한다는 소식이기도 하다. 이는 희극이다. 하지만, 그래서 어쨌다는 것인가? 이 얼간이가 자기 죄 가운데서도 사랑받고 용서받는다고 한들, 그 사랑과 용서를 믿지 않거나 원하지 않거나 관심을 보이지 않고 자꾸 거부하며, 그로써 자신의 죄와 칠칠치 못함의 실체를 드러낸다면 어떻게 되는가? 대답하자면, 동화에서 특별한 일이 벌어지는 것처럼 이 사람에게도 특별한 일이 일어난다는 게 복음의 소식이다. 헨리 워드 비처는 아내를 속이고 자신의 하나님을 속이고 자기 자신을 속이지만, 어쨌든 그럭저럭 사람들을 위해, 어쩌면 자기 자신을 위해 계속 복음에 활기를 불어넣는다. 리어왕은 미쳐서 황야를 헤매지만, 단 몇 시간 동안은 그 상태에서 벗어나 어느 모로 보나 완벽한 왕의 면모를 보인다. 삭개오는 사기꾼으로 뽕나무에 올랐다가 성자가 되어 내려온다. 바울은 바리새인을 위해 일하는 살인청부업자로 길을 나섰다가 그리스도를 위해 일하는 어리석은 자가 되어 돌아온다. 만사를 가능케 하시는 하나님이 없다면, 달팽이처럼 등에 지고 다니는 세상의 어둠을 버린다는 건 누구에게든 불가능하다. 이는 동화다. 비극과 희극과 동화, 이 모든 게 진실이다.

그러나 복음을 설교한다는 건 그냥 진리를 말하는 게 아니라 사랑으로 진리를 말하는 것이며, 사랑으로 진리를 말한다는 것은 자신이 말하는 진리뿐 아니라 그 진리를 듣는 사람들에 대한 염려와 관심으로 진리를 말한다는 뜻이다. 그러므로 비극이고 희극이고 동화인 진리를 듣는 사람들까지 늘 염두에 두는 게 중요하다. 그들은 어떤 사람들인가? 그 사람들은 속으로 어떤 생각을 하는가? 이들의 얼굴, 설교자가 진리를 말할 때 이를 들으려 긴장하느라 면도칼에 베이곤 하는 그 얼굴 뒤에서는 어떤 일이 벌어지는가? 설교자는 청중의 처지가 되어서, 그들의 삶을 산다는 게 어떤 느낌인지, 청중이 지금 듣고 있는 그 진리를 듣는다는 게 어떤 느낌인지 체감하려고 늘 노력해야 한다. 이는 생각만큼 힘든 일은 아니다. 왜냐하면 설교자 자신이 진리를 말하는 사람일 뿐 아니라 진리를 듣는 사람이기도 하며, 청중과 동일한 공허감에서 진리가 자신을 충만케 하고 자신을 참되게 해 주기를 바라며 진리에 귀 기울이기 때문이다. 그래서 가장 깊은 차원에서 볼 때 진리를 듣는 이들은 모두 처지가 같은데, 그중에서 어떤 한 사람을 묘사해 보라고 한다면 나는 듣기를 청한 걸로 유명한 사람, 담배를 한 모금 깊게 빨아들인 뒤 눈을 가늘게 뜨고 "진리가 무엇이냐"요 18:38고 묻던 사람을 그리겠다. 그 사람으로 이야기를 시작하는 것도 나쁘지 않을 것이다.

당연히 그 사람은 본디오 빌라도다. 빌라도는 유대 총독이다. 진리가 무엇이냐는 그 유명한 질문을 하던 날, 빌라도가 확인하고 행한 일은 그뿐만이 아니다. 아침 식사를 하기도 전 빌라도는 첫 번째 중요한 결정을 한다. 아직 잠옷 바람으로 빌라도는 아래층 거실 바BAR로 내려간다. 평소 여분의 담배를 보관해 두는 반침에 담배가 두 보루 반 남아 있는 걸 본 그는 그걸 다 꺼내 쓰레기와 함께 밖에 내버린다. 담배는 어젯밤 입었던 야회복 주머니에도 한 갑이 남아 있고, 집 안 곳곳의 담배통에도 몇 개비씩 담겨 있다. 빌라도는 그걸 다 찾아 엄지손가락으로 하나하나 갈라 변기에 버리고 물을 내려 집 안의 모든 담배를 말끔히 없앤다. 어젯밤 만찬 뒤 화제가 정치로 넘어가자 빌라도는 몇 시간이나 이야기에 몰두하며 담배를 피웠다. 그래서 그런지 아침에 일어나니 입이 마르고 혀가 얼얼하고 속도 온통 쓰렸다. 빌라도는 의사가 뭐라고 경고하는지 잘 알고 있다. 흔히 볼 수 있는 흡연자의 폐 사진도 봤다. 그는 좋을 때나 나쁠 때나 하루에 세 갑씩 담배를 피워왔다. 30년가량 그렇게 살아온 빌라도에게 식전食前의 이 결단은 죽음에 맞서 생명을 보전하려는 결단이다. 빌라도는 엄지손가락으로 갈라서 변기에 넣고 물로 쓸어내린 것은 다름 아니라 바로 자신의 죽음이라고 여긴다.

　하루 시작이 훌륭하니 기분이 좋다. 리무진 뒷좌석에 앉아 조간신문을 대충 훑으며 출근하면서도 평소와 달리 심기가 불편하지 않다. 신문에는 늘 그렇듯 빈곤, 범죄, 질병, 고위층 부패, 하류 계층과 그 외 모든 곳의 무지와 미신과 무관심의 음울한 풍경이 상세히 펼쳐져 있다. 하지만 달리는 차 안에서 선팅된 차창을 통해 이따금 한 번씩 세상을 내다보는 지금 이 순간, 빌라도는 그 풍경과는 완벽히 격리된 기분이다. 거리에선 아이들이 놀고, 중무장한 경찰들이 지저분한 동네를 순찰하고, 관광객들은 성전 문 밖에서 비둘기 떼에게 모이를 준다. 빌라도는 기본적으로 법과 질서를 중시하는 사람이고, 할 수 있는 한 최선을 다해 법과 질서를 유지하고 있다. 불평분자, 먹물들, 지나치게 동정심 많은 자들은 모든 일의 핵심에 부패가 있다고 투덜대지만 그건 내 알 바 아니다. 빌라도가 걱정하는 건 길거리의 지저분함이고, 하루하루 무탈하게 이 도시를 유지해 나가는 것뿐이다. 대체적으로 무난히 해내고 있다. 로마에서도 별다른 불만이 없다. 유대인들은 유대인 꼭두각시들로 충분히 행복해 한다. 그리고 빌라도 자신도 꼭 행복하다고까지 할 수는 없어도 충분히 만족한다.

　청년 시절에는 지방 총독보다는 조금 더 원대한 일을 꿈꾸었다. 하지만 이 정도만 해도 그게 어디인가. 빌라도는 가이사를 친구로 두고 있다. 아들들은 돈이 제공할 수 있는 최고의 교육을 받았다. 아내가 좀 심란한 꿈에 시달리고 있지만, 훌륭한 정신분석가의 관리를 받고 있다. 부부 사이가 예전만은 못하지만, 그래도 아내는 남편이 자기 뜻을 펼칠 수 있게 해 주는 사람이고, 그래서 빌라도는 자기 나름으로 다른 길을 찾으며 살아왔다. 이제 은퇴해서 오스티아 외곽의 별장에서 자식 손자들이 찾아오는 걸 반기며 저녁마다 마티니 한 잔씩 즐기고 해변을 산책하며 살아갈 날이 머지않았다는 말로 아내를 위로한다. 그러는 한편 빌라도는 지켜야 할 약속이 있고, 그 약속들을 어김없이 지킨다.

이 점령군 대장은 잔뜩 긴장하고 있다. 유월절이라는 큰 절기가 다가오고 있고, 늘 그랬듯 광신자들이 말썽을 일으킬 것이 예상되기 때문이다. 유대의 하나님은 어느 쪽이 자기에게 이득인지 분별 못한 채 로마가 이 땅에서 나가 주기를 원하고, 팍스 로마나 *PAX ROMANA* 가 아니라 사람의 생각으로는 이해할 수 없는 빌 4:7 평강이 자기 백성에게 임하기를 원한다. 빌라도는 주머니를 더듬어 담배를 찾다가 곧 정신을 차린다. 그리고 담배 대신 연필을 집어 든다. 자신의 생각으로 도무지 이해할 수 없는 것은 유대인들 자체라고, 유대인들이 지금만큼 평화로웠던 적이 있냐고 그는 말한다. 유대인들을 경시하여 이집트의 미라나 돌도끼 못지않은 시대착오적 유물인 옛날 고리짝 미신에 집착하게 만든 게 바로 역사인데 어떻게 그 역사를 운행하는 하나님에게 여전히 전심을 다할 수 있는지 빌라도의 생각으로는 도무지 이해할 수 없다. 빌라도는 "게다가 가이사가 하나님이잖아" 하고 말한다. 이 점령군 대장은 승진을 염두에 두고 상부의 정책을 곧이곧대로 따르는 사람이다. 빌라도는 눈 하나 깜짝하지 않고 그렇게 말한다. "가이사가 하나님"이라고 보일 듯 말듯 옅은 미소를 지으며 말한다. 아무 대꾸가 없자 성전 주변 경비 병력을 배로 늘리고 유월절이 다 지날 때까지 전 수비대는 경계를 늦추지 말라고 지시한다.

세리들이 여느 때처럼 변명을 늘어놓으며 들어선다. 벼룩의 간을 빼 먹을 수는 없지 않느냐고, 유대 암퇘지의 귀로 로마의 비단 지갑을 만들 수는 없는 노릇이라고 말한다. 한 남자가 들어와 수도관을 설치하면 예루살렘의 물 부족 문제를 해결할 수 있다는 구상을 풀어 놓는다. 수도관은 땅 속을 뚫고 지나갈 터인데, 자기는 상당한 개인적 희생을 감수하고서라도 땅을 팔 각오가 되어 있다고 한다. 예부터 노예들이 모여 살던 구역에 일종의 전염병이 돌고 있고, 감염되어 죽은 이들의 시신이 거리에 방치되는 바람에 파리가 꼬이고, 부모 잃은 아이들이 뭔가 먹을 것이 없나 해서 시체 사이를 헤집고 다닌다는 불평이 들어온다. 성문 한 곳에서는 촌티 나는 어떤 메시아가 문 한가운데서 시위를 벌이고 있었다. 문제는 어떻게 하면 아무 사고 없이 이 일을 처리하느냐 하는 것이다.

유대인들은 신중하게 처신한답시고 가이사에게 책임을 전가하고 있다. 빌라도는 "세상에 하나님은 없다, 가이사가 하나님의 이름이다"라고 말하지만, 이번에는 여비서에게만 그렇게 말한다. 이 여자는 어리고 예쁘고 멍청해서 그 말이 무슨 뜻인지 어차피 이해하지 못할 테니 말이다. 빌라도는 자기가 직접 그 남자를 확인하겠다고 말한다. 저들이 원하는 게 그거라면 말이다. 저들이 자기들 하나님을 확인해 주기를 원한다면 그렇게 해 줄 것이다. 하면 할수록 재미있을 테니.

비서는 자기를 덤덤하게 쳐다보는 빌라도의 시선 앞에 마치 수녀원의 소녀처럼 눈을 내리깐다. 하지만 빌라도는 세상에 수녀원이란 게 있다 해도 이 여자는 수녀의 순수와는 거리가 멀고 자기가 고개만 한번 까닥하면 수녀원이 아니라 그보다 더한 곳이라도 가리란 걸 눈치로 보아 안다. 한번 그렇게 고개를 까닥여 보고 싶은 생각이 들지만, 남자가 아내를 배신하려면 아내에게 충실할 때 못지않게 그 한 가지 목적에 골몰해야 한다는 걸 알기에, 그리고 그 순간 자기가 진지하게 고려해야 할 문제는 점심 식사뿐이라는 걸 알기에 그는 생각을 접는다. 그리고는 책상에 차려진 점심밥을 혼자 얼른 먹는다. 로마 맥주, 마요네즈를 뿌린 차가운 닭고기, 완숙 달걀 두 개. 흡연이 아니라면 아마 콜레스테롤이 자기를 잡을 것이라는 생각이 든다. 빌라도는 이미 생전의 자기 아버지보다 나이가 더 많고, 심장이 좋지 않다는 가족력이

있다. 식사를 끝내자 담배 생각이 간절하다. 담배 한 대만 피울
수 있다면 오스티아의 별장까지도 내줄 수 있을 것 같다.
하지만 담배는 곧 죽음이었기에, 살기 위해 오늘 아침 집 안에
있는 담배란 담배는 모두 변기에 쓸어 보냈다. 그 일이 정말
가치 있는 희생으로 입증되기를 빌라도는 마음속으로
기원한다.

　그때 아내에게서 전화가 온다. 말 한 마리가 병이 났는데
아무래도 안락사를 시켜야 할 것 같다고 한다. 아내는 말에는
전혀 관심이 없는 사람인데, 주절주절 자꾸 말 이야기를
늘어놓는 목소리가 갑자기 평소와 달리 굵어지는 걸 보니
울고 있는 게 분명하다. 울기 시작할 때 늘 그러듯 귀와 어깨
사이에 수화기를 끼우고 앉아 담배에 불을 붙이고 있을 아내
모습이 눈에 선하다. 담배에 불을 붙인 아내가 다시 이야기를
시작하자 수화기 이쪽에서도 담배 냄새가 나는 듯하다.
빌라도는 가만히 눈을 감고 아내에게서 신경을 분산시킬 만한
것을 생각해 내려고 애를 쓰지만 아무 생각도 떠오르지
않는다.

　아내는 귀찮게 해서, 울어서 미안하다고 사과를 한다.
이렇게 살아서 미안하다고. 아내는 어젯밤에도 잠을 설쳤다.
늘 꾸는 악몽을 꾸느라…. 아내가 수화기 저편에서 그런
이야기를 하는 동안 빌라도는 회전의자를 뒤쪽으로 빙 돌려
창밖을 내다본다. 저 아래 안뜰에 누더기를 걸친 아이 하나가

병사들에게 말을 걸고 있다. 저 아이가 만약 전염병에 걸린 아이라면 병이 마치 이LICE처럼 아이 옷에 들러붙어 있는 게 아닌가 하는 생각이 들었다. 비둘기 한 마리가 창턱에 앉아 한쪽 날개를 부채 모양으로 펼쳤다가 접는다. 아내가 마침내 전화를 끊자 다시 책상 쪽으로 의자를 돌려 앉은 빌라도는 방 안에 자기 혼자가 아님을 깨닫는다. 부하들이 그 촌티 나는 메시아를 심문한다고 데려 온 것이다. 순간 방심한 빌라도는 자기가 지금 무슨 짓을 하고 있는지 미처 알아차리기도 전에 책상 위 얼룩마노 통에서 담배를 한 개비 집어 들어 불을 붙였다.

　사내는 두 손이 뒤로 묶인 채 책상 앞에 서 있다. 사람들이 사내를 좀 거칠게 다뤘다는 걸 한눈에 알 수 있다. 윗입술이 우스꽝스럽게 부풀어 올랐고, 한쪽 눈은 퉁퉁 부었다. 오랫동안 씻지도 못한 것 같았고, 씻지 않은 사람에게서 나는 냄새가 난다. 발도 맨발이다. 체구는 큰 편이 아닌데 발은 크고 평평한 시골뜨기 발이다. 손은 뒤로 묶인 채 마치 잃어버린 뭔가를, 셔츠에서 떨어져 나온 단추를, 커피나 한 잔 사 먹으라고 누군가 찔러 넣어 준 동전을 찾기라도 하는 양 온전한 한 쪽 눈을 희번덕이며 상체를 살짝 앞으로 숙이고 있는 모양새 때문인지, 책상 앞에 서 있는 모습이 뭔가 거의 익살스러울 정도다. 방 안에 그 사내와 자기 둘뿐이라면 차비나 몇 푼 쥐어 주며 시골집으로 돌려보낼 테지만, 옆에서 호위병이 지켜보고 있는 데다 벽에 걸린 공식 초상화 속에서 디베료 가이사의 희게 분 바른 통통한 얼굴이 이를 드러내고 오만한 미소를 지으며 내려다보고 있었으므로 빌라도는 정식 절차를 밟을 수밖에 없다.

"그러니까, 네가 유대인의 왕이군." 빌라도는 말한다. "두목 유대인이라고." 그도 그럴 것이 유대인치고 다윗이 돌아와 유대땅을 다시 유대인들에게 돌려줄 것이라고 주장하지 않은 사람이 없었다.

사내가 말한다. "나는 이 세상의 왕이 아니오." 억양이 어찌나 강한지 빌라도는 거의 알아들을 수가 없다. 저들이 사내의 윗입술에 저지른 짓 때문에 그렇잖아도 강한 억양이 더 심해진 듯하다.

사내는 마치 입 안에 돌멩이를 한가득 문 듯 말한다. "나는 진리를 증거하러 왔소." 그 말에 유대 총독은 담배를 한 모금 깊게 빨아들인다. 어찌나 깊게 빨아들였는지 머리가 어찔어찔하며, 순간 졸도할지도 모른다는 생각이 들었다.

빌라도는 의자를 뒤로 빼고 다리를 꼬아 앉았다. 창턱의 비둘기가 종이 바스락거리는 소리를 내며 날갯짓을 해 자갈길 쪽으로 내려앉는다. 문 옆에 서 있는 호위병들은 두 사람의 대화에 별달리 신경 쓰지 않는다. 하나는 코를 후비고 있고, 또 하나는 멍하니 천장을 바라보고 있다. 담배 연기가 책상 위 공간을 떠돈다. 아내의 한창때 사진이 담긴 액자,

가이사에게서 하사받은 얼룩마노 통, 큰아들이 어릴 때
유치원에서 손바닥 도장을 찍어 만든 점토 조형물 위로.
빌라도는 연기 사이로 눈을 가늘게 뜨고 사내를 흘긋거리며
질문한다.

　이런 질문을 하는 건, 평생을 바쳐서라도 대답을 듣고 싶기
때문이기도 하고, 대답 같은 건 없다고 믿지만 그저 걱정거리
하나 줄인다는 의미에서 이야기를 들어 보고 싶기 때문이기도
하다.

　"진리가 뭐지?" 빌라도가 물었지만, 이것도 답변이라는 듯
사내의 갈라진 입술에서 아무 말도 안 나온다. 그렇게 아무
말도 하지 않는 것, 그건 괘씸한 일이다. 벽에서 디베료가 마치
호박처럼 이를 드러내며 웃고 있는 천장 높은 이 넓은 방,
총독의 노르스름한 손가락 끝 사이에 담배 한 개비가
불안정하게 매달려 있는 이 방에서는 바늘 하나 떨어지는
소리도 들릴 듯하다.

　말 이전에 침묵인 진리를 듣는 이는 빌라도이며,
빌라도가 진리를 듣는 건 듣기를 청했기 때문이다. "진리가
무엇이냐?"고 물은 건, 수많은 진리와 반쪽짜리 진리가
횡행하는 세상에서 빌라도는 진리 자체에 굶주려 있거나,
진리가 뭔지 들을 수 없다면 최소한 세상에 진리 따위는
없다는 진실만이라도 알고 싶기 때문이다. 진리를 찾아
구하는 우리는 다 빌라도다. 진리를 물으러 교회에 가면

설교자도 침묵으로 답변하는 게 좋을 것이다. 진리와 복음은
하나고, 복음은 진리와 마찬가지로 하나의 말씀이기 전에
침묵이기 때문이다. 평범한 침묵이 아니라 들을 게 아무것도
없는 침묵, 입술이 갈라진 사내의 침묵에 빌라도가 귀를
기울이는 것처럼 귀를 기울이면 저 스스로 들려오는 그런
침묵. 진리인 복음은 좋은 소식이다. 하지만 복음은 좋은
소식이기 전에 그냥 소식NEWS이라고 말하도록 하자. 복음은
저녁 뉴스라고, 텔레비전 뉴스라고, 그러나 무음 버튼을 누른
뉴스라고 말하자.

    그리고 나서 오디오가 없는 비디오, 당장은 설명이나
해명의 말이 없는, 그 어떤 말로도 충격을 완화하거나 심화할
수 없는, 예를 들어 불이나 전쟁이나 파업이나 협정이나
아름다움이나 사고 등의 말로 정의를 내려 처리할 수 없는
그런 뉴스를 상상해 보라. 그냥 그 일 자체, 생명 자체, 혹은
화면이 보여 주는 대로 어두운 방에서 흐려졌다 밝아졌다
하는 움직임을 말이다. 어떤 남자가 바깥 돌계단 참에 서서
한쪽 주먹을 들어 올렸다 내렸다 하면서 연설을 하고 있다.
입술이 움직이고, 머리카락 한 줌이 마치 깃털처럼 미풍에
날린다. 남자의 기백이 군중을 감동시키기도 하고 감동시키지
못하기도 함에 따라 남자를 쳐다보는 이들도 있고 딴짓을
하는 이들도 있다. 백인도 있고 흑인도 있고, 남자도 있고
여자도 있으며, 남자를 지켜보는 이들 중에는 마치 이 남자의

내면에 있는 다른 무언가를 보고 있고 다른 어떤 음성을 듣고 있기라도 한 듯 남자의 내면으로 시선을 향한 것처럼 보이는 이들도 있다. 어딘지 모를 곳에 날림으로 지은 집이 폐허가 되어 누워 있고, 헐렁한 실내복 차림의 뚱뚱한 여인이 한때 집으로 들어오는 길이던 곳에 고양이를 품에 안고 서 있고, 여자 뒤에는 이가 다 빠진 남자가 티셔츠 차림으로 서 있다. 긴 드레스를 입은 젊고 아름다운 여자가 피아노 앞에 앉아 있고, 흑인 두 사람이 들것에 시체를 담아 들고 한껏 몸을 웅크린 채 시내로 달려 내려가고 있는데 높은 건물 창문에서는 저격수들이 쏘는 총알이 마치 꿈인 듯 고요히 날아온다. 커다란 배 한 척이 수많은 깃발을 휘날리며 물살을 가른다. 산 한쪽 면이 완전히 불길에 휩싸여 있다. 챙 넓은 깃털 장식 모자를 쓴 소녀가 망원경을 눈에 가져다 댄다.

아니면 텔레비전 화면 대신 직접 찍은 홈 비디오 장면을 생각해 보자. 화면 속에 노신사가 있다. 이번 여름이 살아서 사람들과 어울리는 마지막 여름이 되리라는 것을 꿈에도 알지 못한 채. 노인은 낡은 파나마모자를 쓰고 손에는 시가를 든 채 풀밭 위 캔버스 의자에 앉아 있고, 수영복 차림의 여자가 화면을 가득 채우며 나타나 생일케이크를 건네준다. 눈 내리는 날, 한 인물이 길을 따라 내려오고 있다. 그 인물이 나라는 걸 알아보는 데는 1, 2초밖에 안 걸린다. 나는 뒤로 썰매를 끌고 있고, 썰매에는 술 달린 모자를 술 취한 사람처럼 삐딱하게 눌러 쓴 꼬마가 타고 있다. 만약 이 아이를 위해 목숨을 내놓아야 했다면 기꺼이 그랬을 것이고, 아이가 이제 꼬마가 아니라 일종의 얼빠진 낙오자가 되어 수염을 덥수룩하게 기른 채 자아를 찾는답시고 이 직업 저 직업을 전전한다고 해도 여전히 나는 이 아이를 위해 목숨까지도 내놓을 것이다. 진실을, 그 특정한 진실을 알았다면 사실은 부모를 찾아왔을 그 아이를 위해.

특정한 진실은 말로 표현할 수 있다. 예를 들어 삶은 죽음보다 좋고 사랑은 미움보다 좋다든지, 신은 있다 혹은 없다든지, 빛이 소리보다 빠르고, 암은 제때 발견하기만 하면 치유할 수 있다든지 하는 식으로 말이다. 하지만 진리 자체는 이야기가 다르다. 긴 하루에 지친 빌라도가 따분하고 울적한 심정으로 물었던 그 진리는. 진리 자체는 진술될 수 없다. 진리는 그저 존재한다. 진리는 악과 공존하는 선, 절망과 공존하는 기쁨, 하나님의 존재와 부재, 퉁퉁 부은 눈, 빵부스러기라도 찾을까 해서 자갈길을 쪼아대는 새다. 진리인 복음은 말 이전의 침묵, 아홉 달을 채운 만삭의 침묵이며, 빌라도의 질문에 대한 답변으로 예수는 침묵을 지킨다. 두 손이 뒤로 묶인 채 마치 대단한 선물이기라도 한 것처럼 어떻게든 침묵을 유지한다.

예수가 나귀를 타고 예루살렘에 들어올 때 "찬송하리로다. 주의 이름으로 오시는 왕이여" 눅 19:38 하는 함성이 울리자

바리새인들은 "선생이여 당신의 제자들을 책망하소서"눅 19:39 라고 말하고, 예수는 "내가 너희에게 말하노니 만일 이 사람들이 침묵하면 돌들이 소리 지르리라"눅 19:40고 말한다. 물론 요점은 돌들이 소리 지른다는 것이다. 산, 불길이 소리 지르고, 피아노 앞의 예쁜 여자가 소리 지르고, 여름에 태어난 아이도, 자신의 생애에서 여름은 이번이 끝인 줄도 모르는 채 시가를 태우듯 마지막 여름을 끝까지 불태우는 노인도 소리 지른다. 모두들 진리를 알려 달라고 소리 지르며, 이들의 외침은 무언의 외침이요 고요하고 압도적이다. 누군가가 말한 것처럼, 하나님은 터너 JOSEPH MALLORD WILLIAM TURNER가 자기 그림에 하는 식으로 일몰日沒에 서명을 남기지도 않으시고, 별들의 위치를 조정해서 위로의 메시지를 전하지도 않으신다. 진리란 무엇인가? 생명이 진리다. 세상의 생명, 나 자신의 생명, 내가 속한 세상 내면의 생명. 설교자의 과제는 우리에게 생명을 지탱시켜 주는 것이다. 상상력, 능변, 솔직담백함 등 생명의 이미지를 창조하는 그 어떤 은사를 지녔든, 우리는 설교자의 이 은사를 통해 우리 생명의 무언의 진리를 어떻게든 들여다볼 수 있다. 복음은 좋은 소식이기 전에 그저 있는 그대로의 소식이다. 어느 해 어느 날의 소식이든.

    괴이한 선승禪僧이 한 손에 지팡이를 들고 말한다. "내가 손에 무얼 쥐고 있는고?" 진실을, 다만 특정한 진실만 열렬히 찾는 구도자는 대답한다. "지팡이지요." 그러자 선승은 맞아도

싸다는 듯 지팡이로 구도자의 머리를 치면서 "아니다, 내 손에
있는 건 그게 아니다"라고 하든지, 아니면 굳이 뭐라고 대꾸도
하지 않는다. 빌라도는 예수에게 무엇이 진리냐고 묻는다.
플라톤의 말이 진리인가? 마이모니데스, 아퀴나스, 틸리히,
아니면 헨리 워드 비처의 말이 진리인가? 이때 예수는
무엇으로 빌라도의 머리를 치는가? 바로 빌라도 자신으로
친다. 예수는 침묵 가운데 거기 그저 서 있다. 어떤 면에서
빌라도도 그 나름의 침묵, 곧 자기 자신에 관한 진실에
빠져들게 하는 방식으로 말이다. 침묵으로써 예수는 말한다.
진리란 말로 할 수 없고, 다만 진리에 관해 말할 수 있을
뿐이며 이미지는 오직 진리를 가리킬 수 있을 뿐이라고.
이 슬픈 시대의 무게는 이 시대의 웅변적 침묵의 무게이며,
소리를 다시 켜서 에릭 세버라이드▼ERIC SEVAREID나 셰익스피어,
빌리 그레이엄이 상황을 표현하는 말이 들리기 시작할
때조차도 그 말 뒤에서는 돌들의 침묵이 우레와 같은 소리를
낸다.

    이스라엘의 선지자들, 이를 테면 이사야, 예레미야, 아모스,
이들을 생각해 보자. 이 선지자들은 표현 능력이 뛰어난
이들이고, 이들 입에서 나오는 표현이 얼마나 격정과

▶   CBS 소속 종군 기자로 활동하면서 2차 대전 당시 독일군이 파리를 함락한 소식을 가장 먼저 보도한 미국의 언론인.

광희狂喜로, 무시무시한 고발과 무시무시한 약속으로 벽력처럼 울리는지, 주의해서 듣지 않으면 이 말은 이들의 예언서는 물론 구약성경의 다른 모든 내용을 삼켜 버린다. 선지자들이 하는 말의 수준으로 따질 때, 이들이 이야기하는 건 진리가 아니라 특정한 진실들이다. 이들은 나라들에 대해 말하고 이름을 부르며, 아시리아와 바벨론, 이집트와 페르시아, 그리고 무엇보다도 한 나라로서 이스라엘에 대해 이야기하고 있으며, 이들이 목에 핏대가 서고 목이 쉴 때까지 이야기하는 진실은, 이스라엘이 권력 정치 놀음을 함으로써 멸망을 자초하고 있을 뿐 아니라 자신의 거룩한 운명에 반하는 행동을 하고 있다는 진실이다. 이들의 거룩한 운명이란 그저 여러 나라 중 한 나라가 아니라 제사장 나라가 되는 것이요, 이들의 소명은 세상의 빛이 되는 것이다. 말의 수준 면에서 선지자들은 역사·정치·신학, 그리고 물론 윤리 차원의 진실까지, 지금까지 어떤 사람 못지않게 강력하고 대담하게, 하나님의 입을 빌려 그 진실을 말할 만큼 대담하게 이야기한다. "내가 너희 절기들을 미워하여 멸시하며 너희 성회들을 기뻐하지 아니하나니."암 5:21 아모스는 하나님이 이런 말씀을 하시게 한다. "오직 정의를 물같이, 공의를 마르지 않는 강같이 흐르게 할지어다."암 5:24 우리의 불법과 의롭지 못함, 우리 마음의 완악함, 우리의 교만, 우리의 자기만족, 우리의 위선, 우리의 우상숭배, 우리의 천박함, 우리의 불충실을 선지자들보다 더 강력한 말로 표현한 사람은 그 전에도 그 후에도 없었다. 선지자들이 말하는 이 특정한 진실은 그 시대에도 중대한 의미가 있었고 우리 시대에도 중대한 의미가 있으며, 어떤 설교자든 설교자의 권리를 걸고 자기를 포함해 관련자의 이름을 대면서 그 진실을 말하지 않는 설교자, 어느 신앙인이든 자기 자신을 비롯해 당대의 불법과 불의 앞에 그 진실을 토로하지 않는 신앙인은 그 시대에 어울리지 않는 감상적 존재, 허풍선이가 될 위험이 있다. 그러나 그와 동시에 이 진실들은 그저 진실일 뿐이다. 이 진실들은 빌라도가 우연히 기회가 닿아 질문한 그 진리는 아니다. 이 진실들은 진리 자체, 즉 복음의 진리가 아니다. 이 진실들은 새로운 소식이 아니다. 선지자들의 시대에도 이는 처음 듣는 이야기가 아니었기 때문이다.

하지만 특정한 진실에 더하여 선지자들은 진리도 이야기했으며, 그럴 때야말로 선지자들은 가장 선지자다웠다. 이들이 좋은 소식을 전하지 않은 것은 좋은 소식이 아직 발생하지 않았기 때문이다. 이들은 그저 소식을 전했다. 선지자들은 이가 흔들리며 덜그럭거릴 때까지 당대 현실을 말로 표현했지만, 이들이 표현하는 말 이면에, 혹은 이들이 하는 말 깊은 곳에서는 시간의 제약을 받지 않기에 늘 새로운 무언가가 크게 울리고, 침묵, 곧 말로 표현할 수 없는, 신비인, 있는 그대로 현실인 진리가 크게 울린다. 이런 울림은 선지자들이 쓰는 언어가 본질상 시어詩語이며, 시어는 논증이나 철학이나 논리학이나 신학 이상으로 진리의 언어이기 때문인 것 같다.

이 언어를 알아들으려면 그저 귀를 기울여 듣기만 하면 된다. 고대 히브리어의 폭발적 후음喉音문자는 말할 것도 없고, 17세기 영어의 장중한 운율에도 그 시어가 있기 때문이다. 이사야는 말한다.

> 너는 알지 못하였느냐 듣지 못하였느냐.
> 영원하신 하나님 여호와, 땅끝까지 창조하신 이는
> 피곤하지 않으시며 곤비하지 않으시며 명철이 한이 없으시며
> 피곤한 자에게는 능력을 주시며 무능한 자에게는
> 힘을 더하시나니 소년이라도 피곤하며 곤비하며 장정이라도
> 넘어지며 쓰러지되 오직 여호와를 앙망하는 자는 새 힘을
> 얻으리니 독수리가 날개 치며 올라감 같을 것이요
> 달음박질하여도 곤비하지 아니하겠고
> 걸어가도 피곤하지 아니하리로다. 사 40:28-31

호세아는 아주 다른 고유의 이미지로 운명적 멸망을 이야기한다.

> 그러나 내가 에브라임에게 걸음을 가르치고 내 팔로 안았음에도

내가 그들을 고치는 줄을 그들은 알지 못하였도다.
내가 사람의 줄 곧 사랑의 줄로 그들을 이끌었고
그들에게 대하여 그 목에서 멍에를 벗기는 자같이 되었으며
그들 앞에 먹을 것을 두었노라. 그들은 애굽 땅으로 되돌아가지
못하겠거늘 내게 돌아오기를 싫어하니 앗수르 사람이 그 임금이
될 것이라. 칼이 그들의 성읍들을 치며 빗장을 깨뜨려
없이하리니 이는 그들의 계책으로 말미암음이니라.
내 백성이 끝끝내 내게서 물러가나니 비록 그들을 불러
위에 계신 이에게로 돌아오라 할지라도
일어나는 자가 하나도 없도다.
에브라임이여 내가 어찌 너를 놓겠느냐.
이스라엘이여 내가 어찌 너를 버리겠느냐. …
내 마음이 내 속에서 돌이키어 나의 긍휼이 온전히 불붙듯
하도다. 내가 나의 맹렬한 진노를 나타내지 아니하며
내가 다시는 에브라임을 멸하지 아니하리니 이는 내가
하나님이요 사람이 아님이라. 네 가운데 있는 거룩한 이니
진노함으로 네게 임하지 아니하리라. 호 11:3-9

더할 수 없는 격정적 소망의 정점에서 이사야 또한 시詩로
말한다.

거기는 날 수가 많지 못하여 죽는 어린이와 수한이 차지 못한

노인이 다시는 없을 것이라. …
그들이 가옥을 건축하고 그 안에 살겠고 포도나무를 심고
열매를 먹을 것이며 그들이 건축한 데에 타인이 살지 아니할
것이며 그들이 심은 것을 타인이 먹지 아니하리니
이는 내 백성의 수한이 나무의 수한과 같겠고 내가 택한 자가
그 손으로 일한 것을 길이 누릴 것이며 그들의 수고가 헛되지
않겠고 그들이 생산한 것이 재난을 당하지 아니하리니
그들은 여호와의 복된 자의 자손이요 그들의 후손도 그들과
같을 것임이라. 그들이 부르기 전에 내가 응답하겠고
그들이 말을 마치기 전에 내가 들을 것이며 이리와 어린 양이
함께 먹을 것이며 사자가 소처럼 짚을 먹을 것이며
뱀은 흙을 양식으로 삼을 것이니 나의 성산에서는 해함도 없겠고
상함도 없으리라. 여호와께서 말씀하시니라. 사 65:20-25

절망이 극에 달했을 때 예레미야가 쓰는 것도 시다.

여호와여 주께서 나를 권유하시므로 내가 그 권유를 받았사오며
주께서 나보다 강하사 이기셨으므로 내가 조롱거리가 되니
사람마다 종일토록 나를 조롱하나이다. …
내가 다시는 여호와를 선포하지 아니하며 그의 이름으로 말하지
아니하리라 하면 나의 마음이 불붙는 것 같아서 골수에 사무치니
답답하여 견딜 수 없나이다. …

내 생일이 저주를 받았더면, 나의 어머니가 나를 낳던 날이
복이 없었더면 …
어찌하여 내가 태에서 나와서 고생과 슬픔을 보며
나의 날을 부끄러움으로 보내는고. 렘 20:7-18

그리고 마침내 이 모든 시 중 가장 위대한 시가 등장한다.

우리가 전한 것을 누가 믿었느냐. 여호와의 팔이 누구에게
나타났느냐. 그는 주 앞에서 자라나기를 연한 순 같고
마른 땅에서 나온 뿌리 같아서 고운 모양도 없고 풍채도 없은즉
우리가 보기에 흠모할 만한 아름다운 것이 없도다.
그는 멸시를 받아 사람들에게 버림받았으며 간고를 많이
겪었으며 질고를 아는 자라. 마치 사람들이 그에게서
얼굴을 가리는 것같이 멸시를 당하였고 우리도 그를 귀히 여기지
아니하였도다. …
그가 찔림은 우리의 허물 때문이요 그가 상함은 우리의 죄악
때문이라. 그가 징계를 받으므로 우리는 평화를 누리고
그가 채찍에 맞으므로 우리는 나음을 받았도다. 사 53:1-5

이들이 하는 말의 수준을 보자. 이 선지자-설교자들은
무엇을 말하는가? 이들은 이런 말을 하고 또 저런 말을 한다.
이들은 시기적절한 말, 마음을 갈가리 찢어 놓는 말, 뜻 깊은

말, 아름다운 말, 등골이 오싹해지는 말, 그 외에도 많은 말을 한다. 이들은 이 세상의 기이함과 공포를 표현하며, 이들이 하는 말은 사전이나 성경 주석에서 뒤져볼 수도 있고, 해석되고, 후대에 전달되고, 이해될 수도 있다. 하지만 이들이 하는 말은 본질적으로 시이고, 의미인 동시에 이미지와 상징이며, 소리이자 리듬이고, 어쩌면 다른 무엇보다도 격정이기에, 이들이 하는 말은 대성당의 성가대 노래처럼 울려 퍼진다. 다른 점이라면 그 말을 듣는 우리가 성당이 되며 바로 우리 안에서 그 말이 울려 퍼진다는 점뿐이다.

    셰익스피어의 표현을 다시 빌리자면 선지자들은 윤리적으로, 정치적으로, 신앙적으로 마땅히 해야 할 말을 하지만, 이를 넘어서, 이보다 더 중요한 사실은, 선지자들이 수백 년 세월을 가로지르는 언어로 자신이 느끼는 것을 말하고 있으며 모든 번역과 오역을 통해 우리도 똑같이 느끼게 한다는 점이다. 참으로 가장 선지자다울 때 선지자들은 짐작컨대 자기 자신도 완전히 이해하지 못하는 일들을 이야기한다. 왜냐하면 그 일들은 특정한 진실이라기보다는 진리 그 자체에 속한 일, 궁극적으로는 이해될 수 없고 다만 경험될 뿐인 진리 자체이기 때문이다. 이 경험으로 선지자들은 우리의 간담을 서늘케 하며, 마음의 문을 여는 능력 면에서 다른 모든 언어를 능가하는 시로 이 진리를 외친다. 간고를 많이 겪었으며 질고를 아는 사내. 귀가 찌그러지고 입술이 갈라진 사람. 그

사람의 퉁퉁 부은 눈과 파열된 비장脾臟으로 어쨌든 우리가
치유된다. 누가 그 사람에게 말 한마디 참견할 수 있겠으며,
그럴 필요가 있는 사람은 또 누구인가? 선지자들은 그 사람을
그저 높이 추어올려 우리로 하여금 바라보게 한다. 가장
시적詩的이고 가장 강력한 순간에 선지자들은 뭔가를
말하기보다는 어떤 일이 일어나게 한다.

그리하여 예배 찬양은 다소 불안정한 아멘으로 끝이 나고,
반주자는 성가대에게 착석하라는 신호를 보낸다. 가족과 함께
아침 식사로 기력을 충전하고 일요일자 조간신문을 재빨리
훑은 설교자는 설교 원고를 손에 들고 강단에 오른다. 계단을
오르다 가운에 걸려 넘어지지 않도록 검정색 가운 자락을
무릎 높이로 휙 잡아 올린다. 입안이 좀 건조하다. 면도하다가
얼굴도 베었다. 가슴은 돌덩어리라도 삼킨 듯 답답하다.
도의상 그럴 수 없으니 망정이지 그게 아니라면 지금
당장이라도 이 자리를 모면하고 싶다.

회중석 맨 앞자리에서 할머니들이 보청기 볼륨을 높이고,
젊은 여자 하나가 여섯 살짜리 자기 아이에게 슬쩍 사탕과
사인펜을 건넨다. 방학을 맞아 집에 온 대학 2학년생은
부모에게 끌려온 탓에 구부정한 자세로 턱을 괴고 앉아 있다.
이번 주에 두 번이나 자살을 진지하게 생각했던 은행 부행장이
찬송가책을 앞에 펼쳐 놓는다. 불장난으로 임신한 소녀는
뱃속에서 생명이 꿈틀거리는 것을 느낀다. 자기가

동성애자라는 사실을 지난 20년 동안 심지어 자기 자신에게까지 비밀로 하려고 안간힘을 써 오고 있는 고등학교 수학 교사가 엄지손톱 끝으로 주보 한가운데를 접어 한쪽 무릎 밑에 끼워 넣는다. 빌라도가 거기 있다. 수도관 공사 계약만 성사된다면 충분히 보람을 느끼게 해 주겠다고 했던 사내도 거기 있고, 헨리 워드 비처도 거기 있다. 비처에겐 쉬어도 쉬는 날이 아니다. 제직회에서는 휴식이 절실히 필요하다며 일주일 간 휴가를 가라고 종용했지만, 비처는 기분 전환 삼아 다른 사람은 설교를 어떻게 하는지 들어 보러 왔다. 비처가 아내를 사랑하지 않는 건 아니다. 다만 60살이 가까워지면서 어떤 여자 때문에 마음이 열리거나 미모의 여인이 이 노老웅변가의 말에 기꺼이 귀를 기울이거나 하면, 목회자로서 누가 자기 말을 그 정도로 경청하는 걸 본 적이 없는 비처는 정말 어이없다 할 만큼 경계가 풀어지곤 했다. 리어왕도 달걀이 말라붙어 있는 허리띠를 두르고 신장병 환자 몰골로 거기 앉아 있다.

설교자는 강대상 스탠드의 줄을 당겨 불을 밝힌 뒤 마치 선상 도박꾼처럼 능숙한 손놀림으로 설교 메모 카드를 늘어놓는다. 판돈이 이보다 더 컸던 적은 없다. 지금부터 2분 후면 청중이 완전히 각자 자기 생각에 골몰하게 되어 버릴 수도 있지만, 적어도 지금 이 순간만은 설교자 손아귀 안에 있다. 허름한 예배당에 내려앉은 침묵에 귀가 먹먹하다.

모두들 침묵에 귀를 기울이고 있기 때문이다. 설교자 자신을
포함해 모두들 귀를 기울이고 있다. 설교자가 지금까지 어떤
종류의 이야기를 했고 어떤 종류의 이야기를 하지 않았는지
모두들 다 알고 있다. 하지만 오늘 이 침묵을 뚫고 무슨
이야기를 할지는 아무도 모른다.

설교자는 진리를 말해야 한다. 복음은 말씀이기 전에
침묵이다. 청중 각 사람 삶의 침묵, 설교자의 삶의 침묵이다.
이 삶은 소리를 꺼버린 삶이다. 그래야 삶을 견딜 만하게
만들어 주는 말의 관점에서가 아니라 말로 표현할 수 없는
신비, 삶이 그저 거기 존재한다는 신비에 어울리는 삶을 잠시
경험할 수 있을 테니 말이다. 설교자는 이렇게 말해야 한다.
"너희는 가만히 있어 BE SILENT 내가 하나님 됨을 알지어다."시 46:10
가만히 있어 내가 침묵과 부재로도 알려지는 존재임을
알지어다. 잠잠히 있어 돌들이 외치는 말을 들으라.

침묵에서 오직 진짜 소식만 들려오게 할지니, 이 소식은
기쁜 소식이기에 앞서 슬픈 소식이며, 궁극적으로는 동화다.
설교자는 말 그대로 오래 침묵할 수 있을 만큼 용감하지
못하다. 설령 그 정도로 용감하다 해도 사랑으로 진리를
말하는 것이 설교자의 소명이기에 그리 오래 침묵하려 하지
않을 것이다. 우리가 침묵을 잘 견디지 못하기 때문이다.
침묵은 말이 너무 많다. 그러므로 설교자는 말을 사용하되
말로써 설명하고 해설하고 권면하기만 할 뿐 아니라 말로써

우리를 환기시키고, 말로써 우리로 하여금 생각하고
꿈꾸게 하며, 선지자들이 가장 선지자답고 가장 진실한
순간에 그랬듯 말로써 우리의 기억과 열망과 직관,
갈망하는지도 모르는 채 갈망하고 있는 그 기억과 열망과
직관을 일깨워야 한다. 설교자의 말은 우리가 하는, 혹은 해야
하는 질문에 답변을 주려고 할 뿐만 아니라 적당한 말이 없어
하지 못하는 질문에 귀 기울일 수 있게, 그 질문을
불러일으키는 침묵과 그 질문에 대한 답변인 침묵에 귀
기울일 수 있게 도와야 한다. 설교자는 자신의 삶이라는
시보다 더 근사한 그 무엇에 의지하지 말고, 말과 이미지를
써서 우리 삶의 외관이 그 말과 이미지 깊은 곳에 자리 잡고
있는 진리 앞에 투명하게 드러날 수 있도록 도와야 한다.
그 진리는 우리가 누구이며 하나님이 어떤 분인지에 관한
진리, 그리고 우리가 믿고 고백하는 복음이다.

비극으로서의 복음

복음을 설교한다는 건 진리를 말하는 일이기도 하고, 진리인
침묵에 말이라는 일종의 테두리를 두르는 일이기도 하다.
충만하다는 의미, 있는 그대로의 상황이라는 의미에서 진리는
구약성경 등에서 선지자들이 구사한 시어, 즉 비유와
이미지와 상징이라는 언어로만 지적될 수 있을 뿐이기
때문이다. 복음은 말이기 전에 침묵이요, 생명 자체를
제시하되, 우리가 의미 없다 하기도 하고 의미 있다 하기도
하며 터무니없다 하기도 하고 아름답다 하기도 하는 다양한
시간들을 배경으로 해서가 아니라, 그 모든 복잡함과
단순함과 신비 가운데 있는 모습 그대로 볼 수 있도록
제시하는 것이다. 진리가 무엇이냐는 빌라도의 질문에 예수가
침묵으로 답한 것 또한 어떤 면에서는 소리를 꺼 버린
텔레비전 뉴스의 침묵—진짜 뉴스는 앵커가 들려주는 뉴스가
아니라 우리가 보고 느끼는 뉴스다—이나 "너희는 가만히
있어 내가 하나님 됨을 알지어다"라고 했을 때 시편 기자가
의도한 침묵 같은 그런 효과를 내는 것 같다. 각 경우에
우리가 들어야 할 것은 침묵이다. 이는 귀 기울여 들으라고
우리에게 제시된 침묵이기 때문이다. 설교자는 자신이 해야

할 말이 아니라 자신이 느끼는 걸 말함으로써, 진리의 빛과 소망만 아니라 진리의 어두움, 진리의 모든 면을 다 말함으로써 진리의 이 침묵과 신비를 어떻게든 제시해야 한다. 복음은 이 모든 것과 관련이 있기 때문이다. 말은 설교자의 주된 도구다. 그래서 설교자는 말을 주로 사용하되, 자신이 말로써 테를 두르고 있는 그 침묵, 자신이 하는 말이 태어난 곳이요 자신의 말이 깨고 나온 곳이며 자신의 말을 삼키는 곳인 침묵이 오히려 말 자체에 비해 진리의 신비를 더 잘 전달할 수 있음을 늘 기억해야 한다. 예배당 내부의 빈 공간이, 우리가 살고 기동하며 존재하는 교회의 신비를 예배당을 장식하는 모든 예술품과 건축술에 비해 더 잘 전달할 수 있는 것처럼 말이다. 우리는 침묵에 말의 테두리를 두르고 텅 빈 공간에 석재와 목재로 뼈대를 두른다. 하지만 궁극적으로 중요한 것은 침묵, 텅 빈 공간 그 자체이며, 거기에서 복음이 말로서 등장한다.

복음은 특히 비극의 말로 다가온다. 그리고 《리어왕》에서 다시 우리는 한 인용구, 일련의 대사를 살펴보게 될 텐데, 이번에는 이 대사를 직접 인용하기보다 소설의 한 장면에서 이 대사가 어떻게 인용되는지 보면서 이에 다가가고자 한다. 소설 속 장면은 고등학교 3학년 영어 수업시간으로, 일단의 학생들이 교사에게 《리어왕》을 배우고 있으며, 교사가 이 소설의 화자話者다. 교사는 수업 광경을 다음과 같이 묘사한다.

《리어왕》수업은 평소에 비해 잘 진행되었다.
그날 공부할 부분은 제3막으로, 리어왕이 황야에서 켄트와
광대와 함께 폭풍우를 만나는 장면이었다. 우리 상황과는 가장
동떨어진, 더 할 수 없이 낯선 광경이지만, 무슨 이유에서인지
그 장면이 내 도움 없이 잠시 우리 마음을 움직이며 생생하게
살아났다. 아이들은 점심 식사 후 포만감으로 모두 꾸벅꾸벅
졸고 있었다. 밖에서는 체육 수업이 진행되고 있었고,
준비운동을 하면서 누군가 하나 둘, 하나 둘 구령을 붙이는
소리가 들렸다. 뒝벌 한 마리가 교실 천장에 통통 부딪쳐 가며
왔다 갔다 했지만 아무도 크게 신경 쓰지 않았다.

나는 셔츠 바람으로 창턱에 앉아 누군가가 내 교재에 적어 놓은
따분한 질문을 아이들에게 던지면서 '누가 언제 이걸 여기 적어
놓았지' 하고 한가한 생각을 했다. 누가 내 질문에 대답을
하는지 안 하는지는 별로 신경 쓰지 않았다.

"3막에서 리어왕의 성격에 의미 있는 변화가 생겼다는 증거가
뭔지 찾아볼래?"라고 질문했더니, 놀랍게도 윌리엄 어커트라는
뚱뚱한 남학생이 대답했다. 고개를 양팔에 파묻고 엎드려 있어서
나는 그 애가 자고 있는 줄 알았다. 윌리엄은 한쪽 팔로 턱을 괴
며 웅얼거리는 소리로 말했다. "전에 비해 친절해졌어요."

"왜 그렇게 생각하지?" 첫 번째 질문에 대답을 하자마자
곧 두 번째 질문이 나오리라곤 미처 예상을 못했는지
윌리엄 어커트는 아무 말도 하지 않고 팔을 바꿔 턱을 괴었다.

엎드려 있던 쪽 뺨은 불그죽죽한 채 침투성이에다 소매 주름에 눌린 자국이 선명했다.

그레그 딕슨이라는 남학생이 냉큼 질문을 잡아챘다. 그레그는 반에서 여드름이 제일 많이 났고 제일 인기 없는 학생이었다. "그러니까 그게, 비가 내리기 시작할 때 광대도 비에 젖지 않게 해 줄 생각을 하잖아요. 여기 어디선가 이렇게 말해요. '이봐, 얘야, 넌 어떠냐?' 여기 있군요. '불쌍하고 천박한 광대 녀석아, 내 마음 한구석에 그래도 네가 안됐다는 느낌이 있구나.' 어커트 말처럼 리어는 사람들에게 점점 친절해지고 있어요."

"그리고 리어는 사람들을 위해 기도도 해요."
이번에 입을 연 아이는 로라 플라이슈만이었다. 로라는 늘 칼 웨스트라는 잘생긴 농구선수 바로 옆 뒷줄에 앉는 여학생이었다. 칼은 자기가 마음만 먹는다면 이 반의 어느 여학생하고든 사귈 수 있다는 걸 알고 있지만 어쨌든 당분간은 로라에게 정착하기로 하고 있었다. 로라는 평소 거의 말을 안 하거나 걸핏하면 놀랐다는 듯 일종의 놀란 숨소리를 낼 뿐이어서 칼 웨스트 이야기만 아니라면 무엇으로든 골려 줄 수 있는 아이였다.

그 순간 누군가가 너털웃음을 웃었는데, 내가 생각하기에 로라가 하는 말을 듣고 웃었다기보다는 그 말을 로라가 했다는 사실 때문에 웃은 것 같았다. 칼 웨스트는 로라 옆에 앉아 양말 바람의 두 발을 쭉 뻗은 채, 천장에서 윙윙거리는 벌을 지켜보기라도 하는 듯 고개를 뒤로 축 늘어뜨리고 있었다.

"내 책에서는 아무도 기도 안 하는데." 그레그 딕슨이 말했다.
"35행을 봐." 로라 플라이슈만이 대꾸했다.
"그건 기도가 아니야." 그레그 딕슨이 말했다.
"그런 기도는 한번도 들어 본 적이 없어. 하나님이라는 말을
한번도 안 하잖아."
"계속해서 크게 읽어 보렴, 로라." 내가 말했다.
칼 웨스트는 이제 일어서거나 자리를 바꾸지 않은 상태에서
로라 플라이슈만에게서 최대한 멀리 떨어지려는 듯 옆으로
구부정하게 앉았다. 칼은 나무 의자의 팔걸이를 내려다보면서
손가락으로 팔걸이의 홈을 자꾸 쓸어 올렸다 내렸다 했다.
운동장에서 좀 미안하다는 듯 가늘게 들려오는 체조 구령 소리를
배경으로 로라는 읽어 나갔다.

  어디에 있든, 이 무자비하게 휘몰아치는
  폭풍우를 견뎌야 하는, 헐벗고 가엾고 비참한 자들아,
  머리 누일 집도 없이, 굶주린 뱃가죽에,
  구멍 숭숭 뚫린 누더기로 어떻게 너희를
  이 험악한 계절에서 지킬 것이냐?

누구에게나 인생에서 가장 아름다운 특정한 때가 있다.

어떤 이는 일곱 살이 그때일 수 있고, 어떤 이는 열일곱 혹은 일흔 살이 그때일 수 있다. 로라 플라이슈만이 셰익스피어를 큰 소리로 낭독하는 것을 들으면서 로라에게는 아마도 지금 이 순간이 바로 그때일 거라는 생각을 했던 것이 기억난다. 맨살이 드러난 어깨 위에서 양 갈래로 드리워진 긴 머리, 책을 내려다보는 뺨 위로 검은 속눈썹이 두드러져 보이는 로라는 시간이 흘러 이 순간에서 멀어지는 것 말고는 이 순간의 아름다움에서 빠져나갈 길이 없었다. 로라의 이 순간이 영원 속으로 사라지려면 아직도 멀었지만, 로라를 바라보면서 나는 홉킨스 신부와 같은 기분이 되었다.

어떻게 하면 지키고 … 떠받칠까, 아름다움을 …
어떻게 지킬까, 아름다움, 아름다움, 아름다움을 …
사라지지 않도록.

"저 가엾은 자들이 느끼는 대로 느껴 보아라." 로라는 읽는다. "쓰고 남은 것을 저들 앞에 털어놓으라, 그리고 하늘은 더 공정하다는 것을 보여 주어라." 둘, 하나 둘, 구령 소리가 열린 창문으로 흘러 들어온다. 칼 웨스트는 햇빛을 가리려는 듯 한 손을 눈가로 가져다 대고 또 한 손으로는 가랑이 사이를 감쌌다. 천장에서 오락가락하던 벌이 느릿느릿 내려와 칠판에 턱 부딪치더니 백묵 상자를 따라 비틀비틀 기어갔다.

"리어왕이 기도를 하고 있다는 로라 말이 맞다면, 이 헐벗고 가엾고 비참한 자들이 누구기에 왕이 그 사람들을 위해 기도하는 걸까?" 내가 물었다.

그레그 딕슨이 대답했다. "우리죠."

딕슨은 웃기려고 그렇게 말한 거였다. 밖에 나가서 뭐든 자기가 재미있다고 생각하는 일을 할 수도 있을 텐데, 그 시간에 거기 그렇게 앉아 로라 플라이슈만이 무미건조한 구절을 읽는 걸 들어야 하는 자기들이야말로 헐벗고 가엾고 비참한 사람들이라는 말이었다. 하지만 아무도 웃지 않았다. 어쩌면 이건 그저 내 생각일 뿐일 수도 있지만, 졸음 쏟아지는 그 교실, 그레그 딕슨의 말에서 아이들은 잠시 뭔가 뜻하지 않은 진실을 모두 실감한 것 같다.

로라 플라이슈만은 지금이 한창때다. 윌리엄 어커트는 뚱뚱하다. 그레그 딕슨은 여드름투성이이다. 잘생긴 칼 웨스트는 자기가 마음만 먹는다면 이 교실에 있는 어떤 여학생이든 다 가질 수 있다는 걸 알고 따분해 했다. 이 아이들은 다 헐벗고 가엾고 비참한 자들이다. 적어도 이 순간만큼은 자기들이 바로 그런 사람들이라는 것을 아이들은 알고 있었다. 우리 모두 다. 이것이 "무자비한 폭풍우"였다.[2]

한 고등학교 교실의 침묵에서 비극적 이야기가 발화發話된다. 그리고 교사의 추측이 맞는다면, 이 이야기는 경청되고 있다. 누구나 다, 모두가 다 세상의 헐벗고 가엾고 비참한 자들이다. 전에는 몰랐지만 이제는 안다. 그 사실이 발화되는 걸 들었기 때문이다. 말이 아니었더라면 이들은 그 사실을 짐작조차 못했을 것이며, 설령 짐작했다 하더라도 이들에게 그 사실은 자기가 속한 세상에서 자기가 지니고 다니는 다른 많은 미발화未發話된 일들 중 또 하나의 미발화된 일에 지나지 않았을 것이다. 일단 발화되는 순간, 이들의 벌거벗음과 비참함을 보여 주는 말은 파괴적 힘을 지닌 말이 된다. 아이들은 젊고, 점심을 잔뜩 먹어 배도 부르고, 희망으로 가득 차 있으며, 젊음이라는 아름다운 옷을 입고 있고, 그래서 이 아이들은 모두 어떤 면에서 세상에서 제일 덜 헐벗고 세상에서 제일 덜 비참한 사람들이다. 하지만 그 오래된 희곡의 대사는 그렇지 않다고 이들에게 잠시 말한다. 어떤 면에서 이 대사는 너희 자신을 위해서도 이 이야기를 회피해서는 안 된다고 말한다. 이는 말이 지닌 두려운 힘인데, 왜냐하면 말은 우리를 현실에서 엄호해 줄 때도 있지만, 반대로 현실을 가지고 우리를 몰아세울 때도 있기 때문이다. 이 작품은 아이들에게 말한다. 인생은 무자비한 폭풍우고, 너희는 리어왕과 마찬가지로 그 폭풍우에 취약하다고. 너희도 점점 나이를 먹을 것이고 아름다움은 빛을 잃어 갈 것이라는 의미로만 아니라 젊음과 아름다움은 그 자체가 취약하다는 의미에서 말이다. 이들은 머리 둘 곳도 없고, 이들의 젊음

자체가 숭숭 구멍 뚫린 누더기며, 그래서 젊음과 아름다움이
이 아이들을 숨겨서 보호해 주기에 부적절함은, 중년 교사가
지닌 도회풍 품격이 이 교사를 보호해 주기에 부적절함과
마찬가지다.《리어왕》의 대사는 잠시 아이들을 발가벗기고
교사도 함께 발가벗긴다. 그리고 그 점에서 셰익스피어는
설교자가 된다. 왜냐하면 우리를 발가벗기는 일은 설교의
가장 중요한 부분이요, 설교를 구성하는 비극적 요소이기
때문이다.

 우리의 벌거벗음에 대해 생각한다는 것은, 그 벌거벗은
상태를 서로에게 그리고 우리 자신에게 숨길 방법을
생각한다는 것이다. 이즈음 비처 강좌의 그 강사들이 돌연
다시 떠오른다. 그 강사들이 입었던 의상과 함께. 이들에겐
추위를 막아 주는 길고 풍성한 옷자락, 긴 소매, 목을 덮는
높은 칼라, 숄과 스카프와 장갑, 깃털 모자와 실크모자 등
풍요롭기 그지없는 19세기 의상이 있었다. 그리고 우리에게도
우리의 의상이 있다. 우리 모두 20세기 식으로 온몸을 감싸고
있고, 추위가 되었든 더위가 되었든 각자 이유에 따라
외기外氣를 들이기도 하고 막기도 하는 옷을 입는다. 무자비한
폭풍우. 성장盛裝을 한 강사들, 자신의 성취로, 기지奇智와
웅변과 경건과 교회 안에서의 직분과 지식 등에 대한
명성으로 옷 입고, 우선 강사로 초청받았다는 자부심과
긍지로 옷 입고, 내가 무슨 말을 하든 사람들은 당연히 들을

만한 가치 있는 말을 했다고 생각할 것임을 알고 이에 따른
안도감의 옷을 입고 거기 서 있다. 사람들은 딘 잉은 여기서
조금 저기서 조금 자료를 긁어모아, 했던 이야기를 재탕 삼탕
들려주는 실패자였다고 한다. 하지만 실패한 강사여도
딘 잉은 여전히 딘 잉이었다. 고위성직자의 각반脚絆을 두르고
아무도 착각할 수 없도록 세인트폴성당의 후광으로 옷 입은.
비처 강좌의 청중은 무엇을 입었든 역시 옷을 입고 있었으며
지금도 옷을 입고 있다. 자기 나름의 안도감과 자부심과 명성,
강연을 들으러 갈 때의 기대감, 이번 강사는 그저 내 지식이
아니라 내 삶을 조명하는 말, 생명을 주는 말을 해 주었으면
하는 소망의 옷을.

　나는 가식과 위장으로서의 옷 이야기를 하는 게 아니다.
하나님이 아시거니와 우리가 때로는 다 그런 옷을 입지만
말이다. 내가 하는 옷 이야기는 생존에 꼭 필요한 옷 이야기다.
사람이 너무 심한 헐벗음은 감당할 수 없는 것처럼, 우리는
너무 오랜 침묵, 우리를 벌거벗기는 너무 큰 침묵은 견뎌 내지
못하기 때문이다.《리어왕》에서도 옷과 헐벗음이라는
이미지는 전체 플롯이 캐릭터를 유지하면서 작품의 테마나
대사를 융통성 있고 생생하게 유지하는 일련의 빈번한 이미지
중 하나로 풍성하게 등장한다. 이 이미지는 언어로 표현될
때도 있고, 리어왕이 왕의 옷을 넝마와 상복으로 바꿔 입고
폭풍우에 맞서는 장면이나 에드거가 고급 트위드 정장을 벗고

얇은 옷차림의 미치광이 거지가 되는 장면, 광대가 살을 에는 바람 앞에서 허름한 광대 옷차림으로 덜덜 떨며 켄트가 화려한 공작의 옷을 제쳐 두고 가난한 사람이 입는, 실밥 다 풀어진 내리닫이 작업복, 아무것도 가려 주지 않는 옷을 입는 장면에서처럼 무대에서 가시화될 때도 있다. 사악한 두 자매 고네릴과 리건은 비록 극이 끝날 때까지 왕족의 화려한 의상과 장신구 차림을 유지하지만, 이들 역시 다른 모든 면에서는 옷이 벗겨진 채 사악함보다는 그 이면에 있는 무력함에 그대로 노출된다.

이 희곡의 대사가 비극의 대사인 한, 리어가 살을 에는 듯 추운 황야에 반 벌거숭이차림으로 서 있는 에드거를 우연히 만나 우리 모두를 대신해 "사람이 고작 이런 것이냐?"고 묻고 "너는 날 때 모습 그대로구나"라고 스스로 대답하는 장면에서 이 비극적 대사의 울림은 최고조에 달한다.

옷을 제대로 입지 않으면 사람은 너처럼 가련하고 벌거숭이인 두 발 달린 짐승에 불과해. 3막 4장 105-111행

그러고 나서 이 늙은 왕은 그나마 남아 있는 누더기 옷을 다 찢기 시작한다. 광기 가운데서도 두려울 만큼 평정을 유지하고 있던 왕은 인간에게 참 치유와 도움, 참 피난처와 의복이 있어야 할진대 벌거벗고 무력한 상태가 되는 게 그

출발이어야 함을 알고 있기라도 한 듯하다. 죽어가면서 리어가 거의 마지막으로 하는 말은 "제발 이 단추를 풀어다오"5막 3장 310행로, 마법에라도 걸린 듯 도무지 앞뒤가 맞지 않는 말이다. 인생의 모든 순간들 중 마지막에 이르러 가장 소중하게 다시 떠올리는 순간은, 벌거벗은 상태였지만 가장 왕다웠던 순간, 전적으로 무력한 상태였지만 가장 무적이었던 순간, 절망으로 광기에 사로잡혔으면서도 가장 의식이 명료하던 순간이다. 셰익스피어는 등장인물들을 다 발가벗기고, 위대한 설교자로서 셰익스피어는 그들과 더불어 우리도 발가벗긴다. 예의 그 고등학교 3학년 학생들이 교실에서 발가벗기듯. 우리의 의상, 우리의 명성, 우리의 자부심 이면에서, 우리의 신앙 혹은 불신앙 이면에서 우리는 다 외부의 폭풍우와 내면의 폭풍우에 취약하다.
참 피난처라도 찾으려면 우리가 비극적으로 벌거벗은 상태에 있다는 사실과 참 피난처가 필요하다는 사실을 인식하는 것으로 시작해야 한다. 그래서 내가 보기에 누구든 복음을 설교하는 사람 또한 바로 그 지점에서 출발해야 한다. 진리인 침묵이 먼저 있은 후에야 소식이, 그것도 좋은 소식보다는 나쁜 소식이 먼저 오며, 마지막에 우리를 옷 입히기 위해 먼저 우리를 발가벗기기에 희극이기 전에 비극인 말이 등장하는 그 지점에서 말이다.

 물론 예수도 이 지점에서 출발한다. 그분 입에서 나온

비극의 대사는 "수고하고 무거운 짐 진 자들아 다 내게로 오라"이며, 그러고 나서 이 말은 거기서 중단된다. 거기서 중단된 이유는, "내가 너희를 쉬게 하리라"가 나중에 희극의 대사로 등장하기 때문이다. "수고하고 무거운 짐 진 자들"— 예수는 비극 작가로서 이 말을 하며, 신약성경에서 이 말은 어떤 특별한 사건에 정박되지 않고, 어떤 특정한 청중만 이 말을 경청하고 있는 것으로 묘사되지 않은 채 자유롭게 떠다닌다. 그도 그럴 것이 이 말은 이 말을 듣고자 하는 모든 이들을 향해 한 말이고, 어떤 사건이든 다 이 말의 대상이기 때문이다. 이 말은 어디에서든 정박지를 찾을 수 있도록 마음대로 돌아다닌다. 내가 생각하기에 "네 십자가를 지고 나를 따르라"고 할 때도 예수는 똑같은 말을 하고 있다. "네 십자가를 지라"는 말은 어떤 특별한 사명이나 어떤 특별한 희생 혹은 책임을 진다는 의미이기 전에 단순히 자기 삶의 짐을 진다는 의미이기 때문이다. 어쨌든 당장은 그것만으로도 짐이 되기에 충분하니 말이다. 네 십자가를 만져 보고 맛보고 귀 기울인다는 의미에서 십자가를 지라. 네 자신과 네 삶을 바라보고 죽을 수밖에 없는 네 운명과 벌거벗은 네 상태의 냄새를 맡으라. 너의 모든 것을. 벌거벗은 가엾고 비참한 자는 누구인가? 수고하고 무거운 짐 진 자는 누구인가? 너희 모두라고 예수는 말한다. 이는 우리에게 던지는 예수의 비극적 대사이며, 예수를 설교하는 이들이 예수의 진리에 충실하고자 한다면 다 그분을 좇아 그렇게 말해야 한다.

설교자는 이런 역할도 하고 저런 역할도 하라, 이런 말도 하고 저런 말도 하라는 온갖 종류의 압박을 안팎에서 받는다. 사랑으로 진리를 말하려 하다 보면 사람들이 듣기 좋아하는 진실만 말할 위험이 있으며, 이때 설교자는 무엇보다도 하나의 해법만을 목적으로 그런 문제들을 다루고자 하는 유혹을 받기 쉽다. 그 해법이 아무리 복잡하고 도달하기 어려워도 말이다. 설교자는 늘 당대의 화제를 다뤄야 하고 불법과 의롭지 못함에 대항했던 선지자들처럼 말해야 한다는 압박을 받는다. 설교자는 그래야 하는 게 옳고 그것이 설교자의 중대한 의무이기도 하다. 설교자가 의로운 행동을 부추기지 않는다면 그는 하나님과 사람 모두를 실망시키는 설교자다. 하지만 설교자는 자신이 어떤 사람들을 대상으로 말하고 있는지를 기억해야 한다. 그들은 이런 저런 옷을 입고 있지만 그 옷 한 꺼풀만 벗기면 세상의 비극적 삶은 차치하고 자기 삶의 무게만으로도 수고하며 힘들어 하는 가련한 맨발의 두 발 달린 짐승이다.

세상에는 자꾸 자살을 생각하는 사람이 있다. 자신의 성 경험을 절대 용서받을 수 없는 죄로 여기는 사람도 있다. 죽음을 두려워하지만 그 이면에서 삶에 대해 그보다 더 깊은 두려움을 안고 있는 사람도 있다. 미모 때문에 어떤 면에서

장애인인 여인도 있다. 이 여인이 아름답다는 건 단 한 번도 누군가를 사랑할 필요도, 사랑받는 사람일 필요도 없이 그저 아름답기만 한 사람일 뿐이었다는 뜻이기 때문이다. 그리고 세상에는 분노한 사람도 있다. 외로운 사람도 있다. 설교자가 역사의 거대 담론을 적절히 다루려 하다 보면 회중석에 앉아 각기 자기 역사와 아무 상관없는 그 이야기를 듣고 있는 사람들의 거대한 문제를 잘못 짚을 위험이 있다. 괜찮은 해법이 있는 문제를 다룬다는 것은 인간적 관점에서 말해 아무 해법이 없는 문제를 회피하는 하나의 방법일 수 있다. 예를 들어 친구 나사로가 죽어 누워 있는 곳으로 안내받았을 때 예수는 아무 해법도 제시하지 않았다. 그저 울기만 했다. 그리고 나서야 다른 말을 했고 다른 행동을 했다. 하지만 가장 먼저 예수는 눈물로 말을 했다.

내가 아는 한 젊은 목사가 얼마 전 이런 말을 했다. "세상에는 두 부류의 그리스도인이 있습니다. 음울한 그리스도인과 유쾌한 그리스도인." 로만 칼라 색깔만큼이나 밝은 미소, 탄력과 활기 넘치고 다변多辯의 은사까지 있는 걸로 보아 그 목사가 어느 부류를 더 좋아하는지 분명했다. 우리 모두가 어느 쪽을 더 좋아하는지도 의심의 여지가 없다. 왜 안 그렇겠는가? 사실 기쁨은 만사의 종착지다. 경이驚異와 기쁨은 우리 믿음의 궁극적 지향이며, 어떤 면에서 가장 음울한 그리스도인이라고 할 수 있는 사도 바울도 그런 말을 했다. 사십에 하나 감한 매를 맞고, 돌에 맞고, 타고 가던 배가 파선하고, 잠 못 자는 수많은 밤을 견뎌 내던 즈음, 자신이 전하던 예수 못지않게 공격을 당하고 다녔음에도 말이다. 그러던 끝에 로마의 감옥에 갇혀 상처를 핥으면서도 바울은 "주 안에서 항상 기뻐하라. 내가 다시 말하노니 기뻐하라"빌 4:4고 말했다. 바울이 이 말을 한 건 생의 마지막에 이르러서였다. 기쁨은 마지막 대사이며, 첫 대사를 한 후에야 할 수 있는 말이다. 보호하고 덮어 주는 말은 머리를 가려 줄 지붕도 없이 우리를 버려두는 말 이후에야 할 수 있고, 대답하는 말은 그 대답을 요구하는 말 후에야 할 수 있다.

물론 설교자는 대답만 말해야 한다는 압박을 받는다. 대답이야말로 사람들이 들으러 오는 말이요 설교자 자신도 들으러 오는 말이다. 설교자는 다른 사람들뿐만 아니라 늘 자기 자신에게도 설교를 하여 기운을 잃지 않도록 한다. 설교자가 대답을 해야 하는 건, 다른 모든 이들도 대답을 하고 있기 때문이다. 초월적 묵상도 대답이고, 민주당이나 공화당도 대답이고, 침술과 지압도 대답이고, 자연식과 요구르트와 현미玄米도 대답이다. 요가도 대답이고, 교류분석과 조깅도 대답이다. 설교자는 복음을 널리 알리고, 예수의 뛰어난 면을 주저 없이 말하며 예수가 죽은 날조차 성 금요일GOOD FRIDAY이라 부름으로써 다른 모든 대답들을 무색케 하는 대답으로 그리스도를 선전해야 한다는 압박을 받는다. 그 금요일이

정말 좋은 금요일GOOD FRIDAY이라고 해도, 먼저 나쁜 후에야,
모든 금요일 중에서 가장 나쁜 금요일이었던 후에야 비로소
좋은 금요일이 되었지만 말이다. 설교자는 공보PUBLIC RELATIONS
담당자여야 한다는 부담을 느낀다. 물론 개인적 관계PRIVATE
RELATIONS, 특히 한 인간이 하나님과 맺는 관계를 소홀히 하는
결과를 낳아서는 안 된다. 항상 임재하시는 하나님이기보다
부재하시는 하나님, 은혜와 평강의 원래 자리인 텅 빈
공간으로서의 하나님과 맺는 관계 말이다. 설교자는 예수가
말하듯 기꺼이 비극적으로 말하고자 해야 한다.
빈곤·전쟁·무지·불의·질병 등 해결 가능한 모든 문제들이
다 해결될지라도, 세상이 줄 수 있는 모든 답변들이 저마다
다 효과가 있는 것으로 입증될지라도, 그래도 인간은 자신의
무력함 가운데서 수고하고 무거운 짐을 지며, 세상 모든
설교자들의 그 모든 설교에 대해서도 무자비하게 몰아치는
그 폭풍우를 견뎌 내야 하는 가엾고 헐벗은 비참한 자라고.

    죽은 친구가 누워 있는 곳으로 사람들이 예수를 데려왔을
때, 예수는 울었다. 이 장면은 감상적으로 다루기가 아주 쉽고,
감상적으로 다루고 싶은 마음이 들기도 한다.
어떤 일을 감상적으로 다룬다는 것은 그 일에 담긴 감정만
본다는 뜻이고, 이는 그 일의 현실, 늘 외면하고만 싶은
현실보다는 우리 안에 있는 감정을 부추기는 것이기
때문이다. 왜 현실을 외면하고 싶을까? 현실·진실·침묵, 이런

것들은 다 우리가 그다지 능숙히 다룰 수 없는 것들, 그래서 가능한 한 회피하는 것들이기 때문이다. 어떤 일을 감상적으로 대한다는 것은 그 일의 비애를 감당하기보다 그저 맛만 보는 것, 그 일의 아름다움에 전율하기보다 예쁘장함 앞에 탄성을 내지르는 것이다. 비애와 아름다움은 우리에게 무시무시한 요구를 할 수도 있고 무시무시한 위협을 가할 수도 있기 때문이다. 단지 설교자로서가 아니라 일반 그리스도인으로서 우리는 특히 믿음을 기독교 예술과 기독교의 설교가 증언해야 할 어떤 것으로, 이를테면 설교는 눈물을 쥐어짜는 이야기로, 복음은 교회 현관을 환히 밝히는 장미꽃과 안개꽃 화병으로, 예수는 영화배우 그레고리 펙 정도로 감상적으로 다루는 버릇이 있다.

그런데 여기 죽은 친구의 시신 옆에 서 있는 이는 그레고리 펙이 아니다. 예수는 우리가 흠모할 만한 고운 모양이나 풍채도 없고, 사람들에게 외면받는 이인 듯 우리도 그에게서 고개를 돌린다. 남자가 우는 모습은 그다지 아름다운 광경이 아니다. 특히 우리가 보통의 남자보다 더 강하고 더 담대했으면 하고 기대하는 이 남자의 경우에는 더욱 그렇다. 그래서 누구든 우는 사람을 보면 고개를 돌리듯 우리는 이 남자에게서 고개를 돌리고 싶은 충동을 느낀다. 진짜 눈물, 볼썽사나울 만큼 얼굴을 일그러뜨리며 고통스럽게 흘리는 그 눈물을 보면 우리는 그 눈물의 근원으로 시선을 향하지 않을 수 없다. 하지만 그의 눈물의 근원은 곧 우리 눈물의 근원이기도 하기에 우리는 애써 고개를 돌리고 만다.

예수는 왜 우는가? 성경의 설명을 보면, 주변에 둘러서 있던 사람들이 말하기를 그가 나사로를 사랑했기 때문이라고 한다. 물론 그것도 한 가지 이유라고 생각할 수 있다. 나사로는 복음서에서 유일하게 예수의 친구로 지목된 사람으로, 특별히 제자인 것 같지는 않다. 이 사람과 함께 있을 때 예수는 메시아일 필요가 없이 그저 예수 자신으로 있어도 되었고, 가끔 술도 한 잔 나누며 그저 예수 자신으로 산다는 게 어떤 것인지 허심탄회하게 이야기할 수 있었을 것이다. 나사로는 예수의 친구였고, 예수는 나사로를 사랑했다. 그런데 그 친구가 죽은 지금, 예수는 울었다. 친구를 위해 울었고 이제부터 친구 없이 모든 일을 혼자 겪어 나가야 할 자기 자신을 위해 울었다. 그 자리에 있던 어떤 이들은 예수의 눈에서 눈물이 흘러내리는 것을 보고 그 눈물의 의미를 그런 식으로 설명했지만, 또 어떤 이들은 다른 의미가 함축된 설명을 했다. 우리는 특별히 이 설명에 귀를 기울여야 한다. 이들은 "맹인의 눈을 뜨게 한 이 사람이 그 사람은 죽지 않게 할 수 없었더냐"요 11:37고 했다.

이는 참 곤혹스러운 말이었다. 왜냐하면 예수가 진작 자기 자신에게 이런 말을 했을 가능성이 있기 때문이다. 예수가 정말 부활이요 생명이라면 이 남자가 계속 목숨을 유지할 수 있도록 뭔가를 할 수 있었어야 하는 것 아닌가? 예수 안에 정말 하나님이 계시다면, 예수의 말처럼 예수와 하나님이 정말 하나라면, 하나님이 어떻게든 해 주셨을 수도 있지 않은가? 예수가 도착했을 때 죽은 남자의 두 누이도 똑같은 말을 했다. 마르다는 "주께서 여기 계셨더라면 내 오라버니가 죽지 아니 하였겠나이다"요 11:21라고 말했고, 잠시 후 마리아도 그렇게 말했다. 이 말에 담긴 엄연한 사실은, 예수가 그 자리에 없었고 이들의 오라비는 죽었다는 것이다. "맹인의 눈을 뜨게 한 이 사람이 그 사람은 죽지 않게 할 수 없었더냐"요 11:37는 물음에 대한 솔직한 답변은 '노No'였다. 예수는 나사로가 죽지 않게 할 수 없었다. 뭔가 이보다 더 엄연한 사실이 있었는데, 그것은 예수 안에 있는 하나님도 이 사람이 죽지 않게 할 수 없으셨음이 분명하다는 것이다.

"(죽지 않게) 할 수 없으셨다"는 말이 하나님에 대해서는 쓸 수 없는 말이라면, "(죽지 않게) 하려 하지 않으셨다" 아니 적어도 "(죽지 않게) 하지 않으셨다"고 할 수 있다. 그래서 나사로는 죽었다. 그리고 예수는 울었다. 짐작컨대 예수는 단지 사랑 때문에, 사랑하는 사람을 잃었기 때문에 운 것이 아니라 이보다 더 깊은 슬픔을 익히 아는 사람으로서 운 것이다. 이는 나사로의 생명을 지켜 주지 못한 데 대한 슬픔이자 예수 자신의 삶과 자신이 설파한 하나님나라가 다소 실패한 데 대한 슬픔이요, 나사로가 자신을 필요로 할 때 그 자리에

없었던 것과 하나님이 그 자리에 부재하신 것에 대한
슬픔이었다고 짐작할 수 있다.

나중에 동산에서 자기 자신의 죽음을 초조하게 기다려야
했을 때, 성경은 예수가 피를 땀처럼 흘렸다고 말한다. 예수는
이때 이렇게 말했다. "아버지여 만일 아버지의 뜻이거든 이
잔을 내게서 옮기시옵소서."눅 22:42 그러나 아버지께서
예수에게서 그 잔을 옮기실 마음이 없었기에 그 잔은
옮겨지지 않은 것 같다. 예수로서는 아버지께서 잔을 옮기실
뜻이 없다는 사실이 잔 자체보다 더 견뎌 내기 힘들었을
것이다. 시간이 갈수록 이는 더 힘들어졌다. 십자가에 잠시
매달려 있을 무렵, 예수에게는 눈물도 남아 있지 않았고 더는
흘릴 땀도 없었다. 입이 말라서 몇 마디 말조차 제대로 할 수
없었지만, 그 와중에 사람들이 예수가 한 말을 그가 사용한
언어로 기억하는 건 아마 그 말을 일단 듣고 나서는 아무리
잊어버리려 해도 잊어버릴 수 없었기 때문일 것이다. 아마
이들은 잊어버리려 여러 번 애썼을 것이다. 예수는 말했다.
"나의 하나님, 나의 하나님, 어찌하여 나를", 그리고 이어서
아랍어에 뿌리를 둔 아람어로, '팽개치다, 저버리다, 어쩔 수
없게 되었다'는 뜻의 동사가 나온다. "나의 하나님, 나의
하나님, 어찌하여 나를 버리셨나이까."마 27:46 나의 하나님,
대체 당신은 어디에 있습니까My God, where the Hell are you? 당신이
천국Heaven에 계신 우리 아버지라면, 또한 지옥Hell에 계신

우리 아버지가 되어 주소서. 지옥은 행위가 있는 곳, 지금 내가 있고 십자가가 있는 곳이니 말입니다. 이는 무자비한 폭풍우가 몰아치는 곳입니다. 이는 인간이 당신 없이 자기 삶이라는 무거운 짐을 지고 수고하는 곳입니다. 이곳에서 이들은 면도하다 얼굴을 베기도 하고 의사가 뭐라고 경고하는지 다 알고 있으면서도 하루에 담배를 세 갑씩 피우기도 합니다.

설교자가 강단에 올라 강대상 스탠드에 불을 밝히고 설교 메모 카드를 마치 포커 게임하듯 능숙한 손놀림으로 펼쳐 놓을 때, 방학을 맞아 집에 왔다가 누군가의 손에 끌려 하는 수 없이 교회당에 나와 앉은 대학 2학년생조차도 그 순간만큼은 다른 회중과 함께 귀를 쫑긋 세울 것이다. 턱에 지혈 연고를 살짝 바르고 검은 가운 차림으로 저기 서 있는 저 사람에게는 우리에게 없는 뭔가가 있다고, 아니 저 사람은 전문가이므로 적어도 우리와 똑같은 방식으로 무언가 결핍되어 있지는 않을 것이라 믿기 때문이다. 설교자는 청중이 다양한 확신 수준으로, 혹은 아예 아무런 확신도 없이 주로 개인적인 자리에서나 지지 의사를 밝히는 내용들을 공개적으로 고백하고 지지한다. 설교자는 신학교에 다녔고, 신학생들이 공부하는 모든 것을 다 공부했다. 설교자는 그 사실을 증명하는 학위를 갖고 있으며, 학위 외에 안수도

받았고 목사님이라는 훌륭한 호칭도 갖고 있다. 그래서
사람들은 목사와 아무리 친해도 골프 코스에서나
칵테일파티에서는 목사를 특별히 존경할 사람으로 구별해서
대접한다. 이는 목사가 뭔가를 잘 알거나 그 사람 자체가 뭐
특별해서가 아니라, 한 나라의 대사大使가 그가 대표하는 정부
때문에 존중받는 것처럼 목사도 그리스도를 대표하는
사람이기 때문이다.

    이 모든 것들이 침묵을 깊게 만들고, 이 침묵과 함께
회중은 거기 앉아 설교자가 기적을 일으켜 주기를 기다린다.
이들이 기다리는 기적은 설교자가 단순히 하나님이
임재하신다는 말만 하지는 않으리라는 것이다. 이 말은
전에도 들었고, 이 말은 그들에게 대단하고 지속적인 변화를
일으키지 않았기 때문이다. 또 그들은 설교자가 기쁨·소망·
희극의 대사만 하지는 않기를 기대한다. 설교자가 이런 말을
하는 것 또한 전에 들었고 이런 말은 자기들끼리도 하기
때문이다. 청중은 설교자가 어떻게든 그 말들이 자신들에게
현실이 되게 해 주기를 기다린다. 이들은 떡과 포도주의
성찬에서 하나님이 자신들에게 실제적인 분이 되는 것처럼
설교자가 말씀의 성사聖事를 통해 하나님을 자신들에게
현실적인 분으로 만들어 주기를 기다린다. 그리고 설교자가
벌거벗고 무력한 자신의 상태를 가장 잘 인식할 수 있는
곳으로서 청중의 침묵에 귀 기울이며 서 있는 이곳 강단만한

곳이 없다. 성직자 복장으로 조바심치며 서 있는, 아니면 실언을 일삼는 가여운 맨발의 두 발 달린 짐승. 설교자는 무슨 말을 할 수 있을까? 무슨 말로 힘을 주어야 저기 앉아 기다리고 있는 저들을 능력 있게 할 수 있을까?

그러나 설교자는 용기를 내기 바란다. 설교자는 강단에 배우로, 마술사로 부름 받은 게 아니다. 설교자는 본연으로 모습으로 부름 받았다. 설교자는 자기가 경험한 대로 진리를 말하는 자로 부름 받았다. 설교자는 한 인간으로 존재하도록 부름 받았으며, 한 인간으로 존재한다는 것은 어느 인간에게나 충분한 부르심이다. 한 인간으로서 폭풍우에 대고 부르짖으나 아무 답변도 얻지 못한다거나 마음이 아픈데 치유책을 찾지 못한다거나 하는 게 어떤 경험인지 청중에게 체감시키지 못할 경우, 이 설교자는 그 자리에서 유일하게 그런 경험을 하지 못한 사람이 된다. 모자와 숄과 재킷 차림으로, 흑인 특유의 묶음머리 스타일로 거기 앉아 있는 다른 모든 이들은 자기 입으로 이야기를 하든지 안 하든지 다 그런 경험이 있기 때문이다. 다른 무엇보다도, 이들이 하나님의 임재를 찾아 그 자리에 와 앉아 있는 것은 하나님의 부재를 경험했기 때문이다. 그런데 설교자가 그 사실을, 그 사실에 대해 말하지 않는다면, 그 설교자는 한 배의 선장이면서 파도가 6미터 높이로 몰아쳐 갑판이 물바다가 되었다는 걸 혼자만 모르거나 알면서도 그 사실을 외면하고 엉뚱한 말로 소망과 위로와 힘을 얻으려고 하는 것과 같다. 그 결정적 무지無智, 부정직함, 비겁함, 그리고 사랑으로 진실을 말하기를 꺼리고 사람들이 듣기 좋아하는 말만 하려는 그 태도에 근거할 때 그 소망과 위로와 힘은 수상쩍은 소망과 위로와 힘이 된다.

하나님의 부재는 주문呪文에 쓰이는 어떤 개념, 즉 빈집에 의자와 소파를 갖다 놓고 난방과 전기를 설치해 사람이 살 만한 곳으로 만들듯 설교자가 애써 채워 넣어야 할 빈 공간이 아니다. 하나님의 부재는 사람이 살 만하지 않은 상태 바로 그것을 말한다. 하나님의 부재는 예수가 나사로를 두고 흘린 눈물이요 동산에서 흘린 땀이며 입에 혀가 마치 재갈처럼 물려 있어 미처 내지르지 못한 울부짖음이다. 설교자가 입은 가운의 그 검은 빛은 하나님의 부재의 괴로움을 말해 준다. 설교자가 전하는 성경이 하나님의 부재에 대해 말해 준다. 선지서와 시편 모두 가장 필요할 때 거기 계시지 않는 분에 대해 말한다. 노아와 아브라함, 기드온, 바락, 삼손과 다윗을 비롯해 나머지 사람들은 말할 것도 없다. 이들은 자신의 괴로움을 말로 표현하지는 않더라도 마음에 그 고통을 간직하고 다니며, 구레나룻을 기르고 의복과 갑주와 에봇과 실크햇의 도움을 받아 그 고통을 자기 자신에게조차 감추었다. 히브리서 기자가 그 고통을 한마디로 표현해 이들은 물론 우리 모두를 다 발가벗기는 것처럼, "이 사람들은 다 믿음을 따라 죽었으며 약속을 받지 못하였"히 11:13기 때문이다. 그 약속을 매주일은 언감생심, 기껏해야 멀리서, 단지 달빛일 수도 있는 지평선의 빛을 보듯 희미하게 봐야 한다는 것이 이들의 고통이었다.

승리의 상징이기 전에 패배의 상징인 십자가 역시 하나님의 부재에 대해 말하며, 예수도 이에 대해 말한다. 예수는 "그들이 보아도 보지 못하며 들어도 듣지 못하며 깨닫지 못함이니라"마 13:13고 말한다. "이 세대는 왜 표적을 구하는가? 진실로 내가 말하거니와 이 세대에 보여 줄 표적은 없다"고 말하며,마 12:39 우리가 들어 아는 한 십자가에 달린 예수도 아무런 표적을 받지 못했다. 싸구려 포도주에 적신 해융이 입술에 닿았을 뿐이고, 옆에 매달린 착한 도적이 시들한 위로의 말을 건네며 왕의 권세를 갖게 될 때 자신을 기억해 달라고 청했을 뿐이다. 침 삼킬 힘도 없이 죽었고 왕이라기보다는 길거리에서 우연히 부딪치는 사람처럼 보이는 예수에게 말이다. 예수는 말한다. "나의 하나님, 나의 하나님, 이제 머리조차 지탱하지 못하는 저에게 왜 모든 책임을 떠맡기고, 세상을 맡기고 저를 떠나셨습니까?"

예수는 하나님 없이 존재할 때의 암울함을 우리와 함께 나눌 뿐만 아니라 하나님과 함께할 때의 영광 또한 우리에게 보여 준다. 예수는 그런 이야기를 한다. 그리고 우리가 지난 이천여 년 동안 예수를 그다지 잘 따르지 않았음에도 여전히

그분이 하는 이야기를 경청하기를 절대 중단할 수 없었던
것은 상당 부분 그런 이유 때문일 것이다. 배가 가라앉고
있으며 모든 선원에게 비상이 걸렸다고 그분이 말할 때
우리는 자기도 모르게 그 말에 귀를 기울인다. 너희는 모두
수고하고 있다고, 무거운 짐을 지고 있다고 그분이 말한다.
그렇지 않은 척하느라 무진 애를 쓰고 있는 우리에게 그런
말을 한다는 건 참 오싹한 일이다. 젊고 아름답고 희망으로
가득한 사람들에게 벌거벗은 가엾고 비참한 자들은 바로 너희
자신이라고 말하는 게 참 섬뜩한 일인 것과 마찬가지다.
하지만 소름이 끼치는 중에도 우리가 그 말에 귀를 기울이는
건 그분이 우리처럼 인생 최악의 순간을 경험해 알고 있음을
우리가 알기 때문이다. 예수는 우리가 겪는 일을 먼저
경험했다.

    늙은 사람과 젊은 사람. 똑똑한 이와 멍청한 이. 운 좋은
사람과 불운한 사람. 지식인과 마약중독자, 동성애 지지자와
완고한 보수주의자. 이들 모두 예수의 말을 귀 기울여 듣는다.
설교자가 벌거벗고 가엾고 비참한 자들의 그 벌거벗은 상태는
물론 자기 자신의 벌거벗은 상태를 드러내 보임으로써 우리를
곤혹스럽게 하고 소름끼치게 하는 모험을 하고자 한다면
이들은 그 설교자에게도 귀를 기울일 것이다. 세상이
하나님을 우리에게서 숨기거나 혹은 우리가 스스로
하나님에게서 숨거나 혹은 나름의 이유로 하나님이 당신

자신을 우리에게 숨기시지만, 내가 이것을 어떻게 설명하든
하나님은 임재보다는 부재로써 더 두드러져 보일 때가
많으며, 우리가 수고하고 무거운 짐을 지는 건 대부분
하나님의 부재 때문이다. 성례 신학은 실제 임재 교리에
대해서만 말할 것이 아니라 실제 부재 교리에 대해서도
말해야 할 것이다. 부재도 성례전적인 문제일 수 있으며, 이
문제에 대해서는 문이 열려 있고 우리 마음의 방은 늘 준비
상태로 기다리고 있기 때문이다.

    욥이 "무지한 말로 생각을 어둡게 하는 자가 누구냐"욥 38:2
하는 하나님의 말씀을 처음 들은 건 폭풍우 가운데서다.
하나님이 스스로 임재하시는 건 하나님의 부재 가운데서이고,
하나님의 부재를 상징하는 건 폭풍우만은 아니며 세상에서
인간이 하나님을 찾으려는 모든 시도를 꼴사납게 만드는 건
세상의 비바람과 혼돈만은 아니다. 하나님의 부재는 욥이
하나님에 관해서 하는 모든 말에서도, 욥을 위로하는 자들의
말에서도 드러난다. 왜냐하면 이들이 하는 말은 하나님이
임재하시지 않는 방식으로, 하나님이 임재하시지 않는 곳에
하나님이 임재하시는 것으로 규정하려 하고, 하나님을 도덕적
질서로, 혹은 인간이 자기 생의 문제에 줄 수 있는 최고의
답변으로 규정하려 함으로써 하나님 문제를 어둡게 하는
무지한 말이기 때문이다. 하나님은 인간이 줄 수 있는 답변이
아니라고 하나님은 말씀하신다. 하나님 자신은 답변을 주지

않으신다. 하나님은 자기 자신을 내어 주시며, 자신의
부재라는 폭풍우 한가운데로 자기 자신을 내어 주신다.

 엘리야도 생각난다. 왕후 이세벨이 성소를 파괴하고
선지자들을 학살하면서 엘리야가 유일하게 살아남는다. 이제
엘리야는 하나님이 다른 선지자들을 위해 개입하시지 않은
것처럼 엘리야 자신을 위해서도 개입하시지 않으리라 믿는다.
그래서 엘리야는 광야에 잠복하며, 이때 광야에 다시 큰
폭풍우가 몰아치고, 그 바람에 엘리야도 벌거벗은 신세가
된다. 하나님은 폭풍우 가운데 계시지 않고, 바람이나
지진이나 불 가운데도 계시지 않는다. 하나님의 부재는
폭풍우를 견딜 수 없게 만든다. 아니, 하나님의 부재가 곧
폭풍우다. 폭풍의 눈이 하나님의 눈이고, 폭풍의 중심에 있는
그 고요와 텅 빔은 하나님께서 말씀하시는 목소리, 긴장해서
들어야 하는 세미하고 작은 목소리기 때문이다.

 불어라, 바람아, 뺨을 때려라! 격노하라! 불어라!
 너 폭우와 태풍아, 몰아쳐라! 3막 2장 1-2행

 리어왕이 거칠게 울부짖는 것도 물론 그 폭풍우를
향해서다. 이 폭풍우는 사람을 리어왕처럼 미치광이로
만들기에 충분하며, 그래서 선지자들은 다 미쳤다.
내면 세상과 외부 세상이 모두 견딜 수 없을 지경으로 위협을

받는다.

우리 시대의 능력 있는 설교는 대개 시인, 희곡작가, 소설가들이 하는 설교라고 말할 수 있다. 그리고 여기에는 강력한 논거가 있다. 이들은 세상에 하나님이 부재하시는 것에 대해, 안팎에서 몰아치는 그 부재의 폭풍우, 감당할 수 없고 살아낼 만하지 않기에 그 중심에 있는 눈을 바라보게 만드는 폭풍우에 대해 무서우리만치 정직하게 말한다는 면에서 다른 이들보다 탁월하다. 내가 생각하기에 《리어왕》이 특별한 건 세상을 보는 비극적 시각 때문이다. 선과 악이 똑같이 먼지가 되어버리고, 나를 위해 개입해 줄 하나님이 없기에 선과 악의 죽음 둘 다 무의미한 죽음으로 보인다. 그런데 《리어왕》이 보는 세상에서 헐벗고 무력한 자들, 피해자와 어리석은 자들은 적어도 죽기 전에는 진짜로 살아 있는 존재들이 되며, 그리하여 아무리 짧게라도 죽음의 위력 너머에 있는 무언가와 접촉한다. 세속적인 자들, 세상이 생각하는 지혜대로 지혜롭고 세상이 권력을 이해하는 방식대로 권력 있는 자들은 철저히 멸망한다. 이것이 《리어왕》의 핵심 패러독스인데, 그 모순의 정도가 얼마나 심한지 작품 전체가 그럴싸한 억지로 읽힐 수도 있고 바울이 동일한 모순을 표현하고 있는 고린도전서 한 구절에 대한 설교로 읽힐 수도 있다. 바울은 "하나님께서 세상의 미련한

것들을 택하사 지혜 있는 자들을 부끄럽게 하려 하시고
세상의 약한 것들을 택하사 강한 것들을 부끄럽게 하려
하시며 하나님께서 세상의 천한 것들과 멸시받는 것들과 없는
것들을 택하사 있는 것들을 폐하려 하시나니"고전 1:27-28라고
거의 똑같은 표현을 써서, 셰익스피어처럼 본디 하나님이
계셔야 할 세상의 명백한 공허를 지적하고 그 공허가 어떻게
빈 조개껍질처럼 소리가 반향이 되게 하여 마침내 거기서
바다의 세밀하고 작은 음성을 듣게 하고, 약함 속에 있는
강함을 듣게 하며, 패배에서 승리를, 부재에서 임재를 듣게
하는지를 지적한다.

    도스토옙스키의 《카라마조프가의 형제들》도 생각난다.
알료샤가 사랑하는 조시마 신부가 죽어 그 시체가 냄새를
풍기기 시작했다. 성도가 죽으면 그 시체에서 향기가 난다고
했는데 그와 달리 악취가 난다. 그리하여 세상이 하나님께
버림받았다고 깨달은 바로 그 순간 알료샤는 갑자기 세상이
하나님으로 불타오르는 것을 보고 시체가 안치된 예배당에서
뛰쳐나와 세상의 울퉁불퉁한 얼굴에 입맞춤을 한다. 이 모든
일에도 불구하고, 그리고 이 모든 일의 와중에서도 하나님이
계시는 그 세상의 얼굴에. 허먼 멜빌의 《모비딕》도 떠오른다.
메플 신부는 요나서를 설교하면서 모든 설교자들에게 도전을
던지기를, 자기 자신을 직시하고 진실의 어두운 면을
선포하기를 회피하지 말라고 한다. 알료샤가 죽음의 악취를

계기로 자기 자신과 진실의 어두운 면을 직시하지 않을 수 없었듯 말이다. 신부는 이렇게 말한다.

> 이 세상이 복음의 유혹에서 호려내는 자에게 화가 있도다.
> 하나님께서 물을 끓여 강풍으로 만드실 때
> 그 물에 기름을 부으려 하는 자에게 화가 있도다.
> 오싹하게 만들기보다 만족시키려 하는 자에게 화가 있도다.
> 선함GOODNESS보다 자기의 명성GOOD NAME을 더 중시하는 자에게 화가 있도다.
> 이 세상에서 치욕을 받고자 하지 않는 자에게 화가 있도다!
> 비록 거짓이 구원일지라도,
> 참이고자 하지 않는 자에게 화가 있도다.
> 실로, 위대한 안내자 바울의 표현대로, 남에게 설교하면서 정작 자기 자신은 버림받은 자에게 화가 있도다.[3]

멜빌은 직접 설교자가 되어 폭풍우에 시달리는 어두운 세상의 비극적 진실을 이야기함으로써 우리를 소름 끼치게 한다. 그 세상에서는 거대한 흰 고래의 그 흰 빛깔조차 흐릿한 채 한편으로는 아름다움·기쁨·거룩함·수난절에 사제가 입는 흰 예복을, 다른 한편으로는 상어들과 눈에 갇힌 세상과 죽음의 순백함을 나타내며 서 있다. "이건 색色이라기보다 색의 뚜렷한 부재. … 무색, 우리가 회피하는 무신론의

모든 색"이라고 멜빌은 말한다.[4]

부재는 가시적이라고, 즉 우리 눈으로 볼 수 있다고 멜빌은 말한다. 하지만 무신론이 우리가 그 부재 안에서 확인하고 회피하며 믿고 싶지 않은 것 중의 하나라면, 그 부재에는 우리가 확인할 것이 그것 말고도 또 있다. 본국에서 추방당한 프란치스코회 수녀들을 싣고 한겨울 폭풍우 속에서 잉글랜드 연안을 항해하다가 난파한 도이칠란트호에 관해서 예수회 시인 제라드 맨리 홉킨스가 위대한 시를 썼는데, 그 시에서 말하고 있는 게 바로 이것이다. 시인은 폭풍우 자체를, 멜빌이 말한 것과 똑같은 폭풍우를 묘사한다. 홉킨스는 칠흑 같은 어둠을 배경으로 과부와 자식 잃은 부모와 아버지 없는 아이를 만들어 내는 바다, 눈을 몰아오는 살을 에는 듯한 바람과 사람 잡는 암초를 묘사하고 나서 이렇게 말한다.

> 인간들 사이에서 찬미받으소서.
> 하나님, …
> 당신께 반역하는 자를 비트소서, …
> … 파선破船과 폭풍우로.
> 말할 수 없이, 입으로 하는 말로는 다 표현할 수 없이
> 감미로우신 당신은 번개와 사랑이요, 겨울이며 따뜻함임을
> 내가 깨달았습니다.

당신은 자신이 비튼 가슴을 위무하는 분이요 아버지시니
당신은 음울하게 강림하시며, 그럴 때 가장 자비로우십니다.[5] 9연

광포한 폭풍우 속에서 시인은 이런 광경을 본다.

모든 이해를 초월하신 하나님
보살피시되 숨으시며, 예고하시되 거하시는 주권으로
죽음 뒤의 보좌에 앉으셨으니
뭇 바다를 앞지르는 자비로
경청하는 자에게 방주가 되시며
머뭇거리는 자에게는 사랑으로 조용히 임하시네.
죽음과 어둠보다 더 낮게. 32-33연

모든 이해를 초월하시는 하나님, 보살피시되 숨으시고
죽음과 어둠보다 더 낮으며 죽음과 어둠보다 더 궁극적인
보좌에 앉으신 이 하나님을 향해 그 키 큰 수녀 홉킨스는
부르짖는다. "오 그리스도여 속히 오소서."24연 그리하여
마침내 그분이 오셔서 폭풍우 한가운데서 수녀를 붙잡으신다.

그분이 오셨을 때는 심판 날의 눈부심도 없었고,
이 땅에 나셨을 때와 같은 어둠도 없었다.
친절하게, 그러나 왕답게 당신의 소유를 되찾으셨다. 34연

그래서 역사상 그 어떤 그리스도인보다도 어둠을 깊이 들여다본 이 시인은 시의 결말에서 우리 모두를 대신해 외칠 수 있다.

> 그분이 우리 안에 다시 오게 하소서.
> 어스름 중에 있는 우리에게 여명이 되시고,
> 진홍색으로 달아오르는 동녘이 되게 하소서. 35연

다른 이들과 마찬가지로 홉킨스에게도 힘 있게 진리를 말한다는 것은 폭풍우에 발이 묶여 비극을 당하고 있는 사람들 가운데 있는 것처럼 진실을 체험하는 데 충실하다는 뜻이었다.

"태초에 … 땅이 혼돈하고 공허하며 흑암이 깊음 위에 있고",창 1:1-2 태초에 그랬던 것처럼 지금도 그러하다. 흑암과 희미함이 깊음 위에, 우리 자신의 얼굴 위에 있지 않은 적이 없기 때문이다. 무엇이 이들 예술가들의 설교에 그런 힘을 실어 주는가? 무엇이 이 예술가들을 설교자라면 누구나 익혀야 할 그런 목소리로 만들어 주는가? 그것은 바로 이들이 비극적 언어로 우리를 소름 끼치게 하기도 하고 축복하기도 하며, 어둠 속에서 말하고, 예수가 울었던 것처럼 운다는 점이다. 그래야만 나머지 다른 말의 진실성이 우리에게 진정으로 다가오기 때문이다. 깊음 위에 있는 흑암을 향한 말은 "하나님이 이르시되 빛이 있으라 하시니 빛이 있었고" 창 1:3이며, 수고하고 무거운 짐 진 자들을 향한 말은 "내가 너희를 쉬게 하리라"이다. 예술가들은 인간 비극HUMAN TRAGEDY의 대사, 인간이 기껏해야 하나님을 멀리서 희미하게만 볼 수 있는 세상의 언어를 설교한다. 이것이 진실이기 때문이며, 다른 말이 성례전적이고 진실한 말이 되기 위해서는 이것을 전주곡으로 말해야 하기 때문이다. 그 다른 말이란 하나님께서 어두운 세상을 이기셨다는 말, 곧 신의 희극DIVINE COMEDY의 대사다.

희극으로서의 복음

시작은 한 여인의 웃음이다. 여인은 늙었고, 평생을 사막에서 지낸지라 얼굴은 여섯 달 가뭄 끝 땅바닥처럼 트고 갈라졌다. 여인은 어깨가 귀에 닿을 만큼 몸을 둥글게 말고는 들썩대기 시작한다. 주방 의자에 앉아 포복절도하는 여인의 눈은 사팔뜨기처럼 가늘어졌고, 벌어진 입 안으로 틀니가 다 보이고, 숨도 가쁘고, 눈에선 눈물이 다 나온다. 여인이 웃는 건 이제 아흔한 살이 다 되어 가는 나이에 아기를 갖게 될 것이라는 말을 들었기 때문이다. 그 말을 한 게 천사인데도 여인은 웃음을 주체하지 못하고, 여인의 남편 역시 마찬가지다. 아내보다 조금 더 오래 정색을 하기는 해도 그 역시 결국 파안대소를 하고 만다. 천사까지 웃음에 감염된다. 황금 겉옷으로 입을 가리긴 하지만 그래도 눈은 보인다. 천사의 눈은 참제비고깔의 푸른빛이고 무언가 가득 넘쳐서, 늙은 여인과 그 남편의 웃음은 기껏해야 천사의 눈에 넘치는 그 무언가를 거칠게 변용한 것에 지나지 않는다.

    늙은 여인의 이름은 당연히 사라고, 남편의 이름은 아브라함이다. 두 사람은 노인 전문병동에서 아기가 태어나고 의료보험으로 병원비를 치르는 광경을 상상하며 웃고 있다.

부부가 웃는 건 천사가 자신의 말을 믿을 뿐만 아니라 자기들 부부도 믿을 것이라 기대하는 것처럼 보이기 때문이다. 두 사람이 웃는 건 이들 자신도 마음 한구석으로 그 말을 믿기 때문이다. 두 사람이 웃는 건 다른 한구석으로 그걸 믿는 건 바보나 하는 짓이라는 걸 알기 때문이다. 이들이 웃는 건 웃는 게 우는 거보다 낫고, 어쩌면 웃는 거나 우는 거나 그다지 다르지 않기 때문이다. 이들이 웃는 건, 만약 어떤 기이한 가능성에 따라 천사의 말이 현실이 된다면 그때는 정말 웃을 일이 생기는 것이기 때문이다. 이들은 하나님을 향해, 그리고 하나님과 함께 웃고, 자기 자신을 향해서도 웃는다. 웃음은 그만큼 울음과 공통점이 있기 때문이다. 웃음 혹은 눈물의 직접적 계기가 무엇이든, 웃음과 울음의 대상은 결국 자기 자신과 자신의 삶이다.

 두 사람은 함께한 지 꽤 오래된 노부부다. 오래 전 두 사람은 메소포타미아에서 행복한 결혼생활을 시작했다. 교외에 차고가 두 개 딸린 멋진 집이 있었고, 집 안에는 컬러텔레비전에 바비큐장도 있었다. 아기들이 태어날 때를 대비해 아기 방도 완벽하게 꾸며 놓았다. 두 사람 다 건강했고 양가 식구들도 든든하게 받쳐 주고 있었기에 두 사람 앞에는 창창한 미래가 펼쳐져 있었다. 사라는 고급 브랜드의 옷을 입었고, 병원에서 자원봉사를 했으며, 여성유권자연맹 활동도 했다. 아브라함은 젊은 나이치고는 고액의 연봉에다

복리후생비까지 넉넉히 받고 있었고, 전문가에게 자문하여
은퇴 후 계획까지 꼼꼼히 세워 놓았다. 이즈음 두 사람은
신앙을 갖게 되었고, 아니, 신앙이 이들에게 들어왔고,
아브라함은 하나님이 자기들에게 무엇을 원하시는지 알게
되었다. 그것은 바로 이곳을 떠나 가나안으로 가는 것이었다.
하나님은 그곳에서 아브라함을 큰 민족의 조상으로 만드실
것이며 그 민족은 모든 민족에게 복이 될 것이라 약속하셨다.
그래서 두 사람은 그렇게 했고, 거기서 이들의 문제가
시작되었다.

이들은 부동산 중개소에 집을 내놓고 컬러텔레비전은
병원에 기증하고 한번도 사용한 적이 없어 새 거나 다름없는
요람과 유모차는 적당한 값에 팔았다. 아브라함은 회사
사장에게 감동적인 사직서를 써냈고, 그에 못지않게 감동적인
답신을 받았다. 생각이 달라져서 돌아오면 일자리는 언제든
대기 중일 거라는 내용이었다. 사장은 처음에 "정신을 차리고
돌아오면"이라고 썼었다. 신앙은 사회보장이나 규칙적인
운동만큼 좋은 것이지만 아브라함처럼 그렇게 열광적으로
몰두한다면 그건 또 이야기가 다르다고 생각했기 때문이다.
하지만 사장은 결국 좀 더 온건한 말투로 바꿔 답신을 써
보냈다.

이렇게 해서 두 사람은 스테이션 웨건에 몸을 싣고 길을
나섰다. 이삿짐센터 트럭이 뒤따랐고, 친구와 친척 몇 사람도

함께 나섰다. 이들은 아브라함의 신앙적 확신을 공유하지는
않았지만, 어떻게든 아브라함 옆에 붙어서 뭔가 크게 한몫
잡으려는 사람들이었다. 두 사람이 그렇게 함께 데리고 나선
사람들 중에 조카 롯도 있었는데, 나중에 이는 유감스러운
실책이었음이 드러났다.

이디시어 YIDDISH '쉴러밀 SCHLEMIEL'은 노상 옆 사람에게
국그릇을 쏟는 얼간이류로 번역되고, '쉴러마즐 SCHLEMOZZLE'은
늘 국그릇을 엎는 칠칠치 못한 사람으로 번역된다. 이 정의에
따르면 아브라함은 '쉴러마즐'이었다. 이들의 여정에서 맨
처음으로 상황이 꼬인 건 이집트의 파라오가 사라의 미모에
반해 진심으로 그녀를 노렸을 때였다. 사라가 유부녀인 걸
파라오가 알면 남편인 자신을 없애 버리려 할 수도 있다
생각한 아브라함은 사라에게 자신의 아내라 하지 말고 누이라
하라 일렀다. 결과가 어찌되건 신경 쓸 겨를이 없었다. 이 일로
두 사람의 가정은 복잡한 상황에 이르렀고, 아브라함은 장차
큰 민족의 어머니가 될 여인을 잃을 뻔했으며, 자신이
거짓말을 했음을 시인하고 그리하여 체면도 깎이고 신용도
크게 잃고 나서야 마침내 그 곤경에서 빠져나올 수 있었다.

두 번째로 일이 꼬인 건 느릿느릿 마침내 약속의 땅에
도착해서 아브라함과 조카 롯 사이에 골치 아픈 상황이
전개되었을 때였다. 롯과 그 일행은 이곳이 자기 일행과
아브라함 일행 모두가 들어가 살기에는 충분치 않다고

주장했고, 이에 아브라함 일행은 이제 더는 이들과 사이좋게 지낼 수 없다고 했다. 이 난국을 타개할 방편으로 아브라함은 땅을 둘로 나누어 각각 반씩 차지하자고 제안했다. 그러고 나서 롯에게 먼저 선택권을 주는 실수를 저질렀다. 롯은 당연히 요단강 주변의 비옥한 목초지를 선택했고, 아브라함은 사자의 협곡DEAD MAN'S GULCH 주변, 걸핏하면 자연재해가 일어나는 땅을 갖게 되었다. 다시 말해 가나안땅 전역이 약속의 땅이었지만 다른 지역에 비해 좀 더 장래성 있는 지역이 있었다는 말이다.

세 번째 문제는 최악이었다. 장차 큰 민족의 아버지가 될 자로 하나님께서 친히 선택하신 자 아브라함은 자신이 큰 민족의 아버지는커녕 그 뭔가의 아버지가 될 가능성조차 희박하다는 것을 알게 되었다. 내로라하는 권위자들을 찾아다니며 온갖 검사란 검사는 다 받아봤지만 모두들 한결같이 하는 말이 사라는 롯이 남겨 주고 간 그 불모의 땅과 마찬가지로 아이를 가질 수 없다는 것이었다.

세월은 그렇게 빈 유모차가 굴러가듯 흘러가 마침내 아브라함이 백 살이 되고 사라가 아흔 살이 되었을 때, 천사가 당도해 기가 막힌 소식을 전했다. 천사는 말하기를, 하나님은 약속을 하면 반드시 지키시는 분이고, 그래서 사라는 아기를 낳을 것이라고 했다. 천사의 말에 이들은 웃음을 터뜨렸다. 어떤 기사에 따르면 아브라함은 웃다가 엎어지기까지 했다

하고, 또 어떤 기사에서는 엎어진 건 아브라함이 아니라 사라였다고 한다. 천사가 이야기할 때 사라는 장막 문 뒤에 숨어 있었고, 사라의 웃음이 시발점이 되어 모두 다 웃음을 터뜨렸다. 창세기 기사에 따르면, 하나님께서 이때 개입하사 사라의 웃음에 대해 질문하셨고, 이에 사라는 흠칫 놀라 몸이 굳은 채 모든 걸 다 부인했다. 그러자 하나님은 "아니다, 네가 웃었다"고 하셨고, 물론 하나님의 말씀이 맞았다. 이 사건에서 가장 재미있는 장면은 하나님께서 이들이 웃은 것에 대해 화를 내시기는커녕 아기가 태어나면 이름을 이삭이라 지었으면 좋겠다고 하신 부분일 것이다. 히브리어로 이 말은 웃음을 뜻한다. 이렇게 하나님은 이들의 웃음을 너그러이 보아 넘어가 주셨을 뿐만 아니라 그 웃음에 복까지 주셨으며, 어떤 의미에서 하나님 자신도 그 웃음 잔치에 동참하셨다고 할 수 있다. 이는 이 웃음을 정말 아주 특별한 웃음으로, 하나님과 인간이 함께 웃으며 하나님과 인간이 함께 유쾌한 농담을 나누는 그런 장면을 만들어 준다. 아브라함과 사라의 웃음을 면밀히 들여다보는 작업은 예수의 눈물을 면밀히 들여다보는 것만큼이나 중요할지 모른다.

친구 나사로의 시신 앞에서 울었을 때, 예수의 내면에서는 많은 일들이 일어나고 있었던 것 같고, 그분의 슬픔에도 여러 층[層]이 있었던 것 같다. 예수가 운 것은 친구가 죽었고 자신이 그 친구를 사랑했기 때문이다. 이 표면적 이유 외에, 예수가

운 것은 마리아와 마르다가 요령 없이 예수에게 일깨웠던 것처럼, 만약 그분 자신이 그 자리에 있기만 했더라면 나사로가 굳이 죽지 않아도 되었을 터인데 자신이 그 자리에 없었기 때문이다. 이외에도 예수가 운 것은 만약 하나님이 거기 계시기만 했더라면 나사로가 굳이 죽을 필요가 없었을 텐데 하나님도 그 자리에 안 계셨기 때문이었을 것이다. 설령 계셨더라도 최소한 이들에게 필요한 방식으로, 이들에게 필요한 만큼은 아니었다. 이외에도 이유는 더 있다. 예수의 슬픔이 그토록 깊은 것은, 그분이 온 세상을 위해서 울고 있기에, 그리고 인간이 처한 그 비극적 형편, 즉 인간이 거듭거듭 하나님이 안 계시는 세상에, 아니 적어도 인간에게 필요한 방식으로 인간에게 필요한 만큼 계시지 않는 세상에 살아야 한다는 것 때문인 듯하다. 예수는 선이고 악이고 할 것 없이 똑같이 패배와 죽음으로 추락하는 세상에서 하나님의 명백한 부재 앞에 눈물을 흘렸다. 예수는 특별히 하나님 입에서 나오는 말씀 한 마디로 생과 사가 갈라질 수 있는 순간 하나님이 명백히 침묵하신다는 사실 앞에, 혹은 인간이 귀가 멀어 그 침묵을 듣지 못한다는 사실 앞에, 인간으로서 예수 자신도 눈이 멀어 하나님이 그 어떤 때보다 필요한 순간 나의 하나님, 나의 하나님이라고 울부짖을 만큼 앞을 보지 못한다는 사실 앞에 눈물을 흘렸다. 그 울부짖음이 얼마나 암울한지 복음서 기자 네 사람 중 그것을 예수가 인간의 입으로 말했던 최후의 말씀으로 기록할 만한 배짱을 지닌 사람은 둘뿐이었다. 예수는 울었고, 우리도 다 운다. 인간이 선할 때조차도, 심지어 그 인간이 예수인 경우에도 하나님은 그 어떤 신정론도 헤아려 본 적 없는 이유들로 자신의 모습을 감추시기 때문이다.

스티븐 크레인STEPHEN CRANE의 짤막한 시 한 편이 생각난다.

한 남자가 우주를 향해 말했다.
"선생님, 제가 존재합니다!"
"하지만", 우주가 대답했다.
"그 사실이 내게 의무감을 불러일으키지는 않았노라."[6]

알베르 카뮈의 부조리 이론을 생각하면, 생을 의미 있게 만들고자 하는 인간의 물릴 줄 모르는 갈망과 그렇게 되기를 싫어하는 생의 굽힐 줄 모르는 거부가 함께 떠오른다. 장 폴 사르트르의 논제는 또 어떠한가. 사르트르는 설령 하나님이 존재한다 해도, 인간은 가공할 만큼 자유로운 존재로 자기 정체성을 꾸며 내려는 죄인으로 규탄받아야 한다는 자신의 견해에는 아무 변화가 없을 거라고 했다. 하나님이 존재한다 해도 자신의 존재를 입증해 보인 모든 자들을 위해 존재하지는 않을 수도 있다면서 말이다. 제라드 맨리 홉킨스를 다시 생각해 보자.

당신은 참으로 옳습니다, 주님, 비록 제가
주님과 다툴지라도. 하지만 주여, 제 항변 또한 옳습니다.
왜 죄인들의 길이 번영합니까? 그리고 어찌하여
제가 애쓰는 일은 모두 실망으로 끝나야 합니까?
오 주, 나의 친구시여, 주님이 설령 제 원수라 해도
어떻게 저를 쳐부수고 좌절시키는 것도 모자라
더 심하게 하시려는 것입니까?[7] …

리어왕을, 그리고 리어왕이 어떻게 고난을 통해 생의 비극적 아름다움과 위엄에 대한 천상적이고 복된 직관을 달성하는지를 생각해 보자. 그러고 나서 결국 리어는 사랑하는 딸 코딜리어의 입에 깃털을 가져다 대고 숨을 쉬는지 확인하며 누가 봐도 이미 죽어 대구처럼 차갑게 굳은 채 누워 있는 그 딸이 살아 있다고 헛소리를 하는 애처로운 노인으로 죽을 뿐이다. 그리고 마지막으로, 아니 첫째로 우리 자신을 생각해 보자. 해야 할 말이 아니라 우리 느낌을 말하고자 할진대 우리가 꼭 시인이나 철학자나 왕이나 그리스도여야만 이런 일들을 알 수 있는 건 아니다. 우리의 소망뿐만 아니라 우리의 절망도 주일에 우리를 교회로 인도한다. 어떤 설교자든, 그리고 이 설교자가 다른 어떤 말을 하든, 그 절망을 향해 말하지 않는 설교자는 차라리 잠자코 있는 게 낫다. 그러면 예상치 못한 신기한 소리가 들린다. 마치 녹슨 경첩이 삐걱거리는 소리 같다. 3월의 연못 얼음에 금이 가는 소리 같다. 암탉이 꼬꼬댁거리는 소리, 겨울 아침에 낡은 포드 자동차에 시동 거는 소리 같다. 이 소리는 웃음소리, 나이 든 여인과 그 여인의 남편이 장막 안에서 배꼽 빠지게 웃는 소리다. 처음에는 헛헛하고 작은 소리로 시작되지만, 나중에는 얼마나 소란스럽고 소리가 큰지 천사조차도 체신을 지키느라 고개를 돌려야 할 정도의 웃음이다.

우리는 이에 대해 무슨 질문을 던지기 전에 먼저 이 웃음소리를 듣기만 해야 한다. 웃음은 깜짝 놀라 숨이 탁 막히는 소리로 시작된다. 두 사람은 자기들 생전에 웃을 일 따위는 없을 거라고 생각했고, 그래서 웃음이 나오니 놀랄 수밖에 없고, 그건 우리도 마찬가지다. 웃음은 이들의 목구멍에서 마치 슬픔처럼, 그러나 슬픔만은 아닌 슬픔처럼 솟아난다. 웃음은 마치 눈물처럼, 그러나 눈물만은 아니거나 혹은 적어도 종류가 다른 눈물처럼 이들의 주름진 얼굴을 일그러뜨린다. 두 사람의 어깨가 들썩인다. 얼굴이 붉어진다. 틀니가 벌어진 자리가 언뜻 언뜻 보인다. 사라는 다음 번 생일이면 아흔한 살이 된다. 그런데 천사는 사라가 산부인과 병동에서 아흔한 번째 생일을 축하하게 될 것이라고 말한다. 사라는 앞치마로 입을 틀어막는다. 아브라함은 숨을 헐떡인다.

이때 한 가지 질문이 제기된다. 이들의 웃음은 어디에서 나오는가? 이 웃음은 눈물이 나오는 곳만큼 깊은 곳에서

나온다. 그리고 어떤 면에서 이 웃음은 눈물과 똑같은 곳에서
나온다. 눈물이 그러하듯 웃음도 세상의 어둠에서, 길 잃은
모든 이들이 하나님을 몹시 그리워하는 그 세상에서 온다.
다만 웃음은 어둠의 동맹으로서가 아니라 어둠의 적으로,
어둠의 한 증상으로서가 아니라 어둠의 해독제로 온다는 점만
다르다. 천사의 터무니없는 고지告知 앞에 아브라함과 사라가
터뜨린 웃음은 어둠을 제거하지 않는다. 자식 없이 지내온
과거의 긴 세월을 통해 어둠은 이미 이들에게 해를 끼쳤고,
앞으로 이들이 살아갈 많은 날들에도 여전히 어둠이
드리울 것이다. 예를 들어 아브라함이 약속의 자녀를 제물로
취하여 하나님 앞에 번제로 드려야 하는 일이 바로 그런
경우다. 아브라함과 사라는 하나님이 보인다고 해봤자 거울을
통해 멀리서 어렴풋이 보일 뿐인 세상에서 죽음뿐 아니라
삶의 어둠에 여전히 직면해야 한다. 하지만 이들의 웃음으로
뭔가 새로운 것이 어둠을 뚫고 나타난다. 전혀 예기치 못했고
상식을 벗어났고 반가운 일이기에 이들은 놀라서 웃음을
터뜨리는 수밖에 없다.

　비극 앞에서 예수가 울었던 것처럼 운다는 건 불가피한
일 앞에서 우는 것이다. 인간의 취약성과 세상의 무자비한
폭풍우를 고려하면 비극은 일어나게 되어 있다. 인간의
죄성과 죄를 지으라고 유혹하는 세상을 고려하면 비극은
일어나게 되어 있다. 사람은 고생하려고 태어났으니 불꽃이

위로 날아가는 것 같다고 욥은 말하며, 그 고생 때문에 우리가 흘리는 눈물은 불가피하다. 눈물은 사람으로 존재한다는 의미의 한 축을 이룬다. 그런데 천사의 고지告知는 이 사실을 완전히 반전시킨다.

사라와 아브라함은 어쨌든 아기를 낳게 될 것이다. 이 일은 일어나지 않게 되어 있던 일이다. 늙은 쉴러마즐은 지금까지의 모든 일에도 불구하고 큰 민족의 아버지가 될 것이다. 이는 불가피하지 않던 일이다. 불가피한 일을 굳이 따지자면, 아브라함이 자기 옷에 국그릇을 또 한 번 쏟는 것 정도였을 것이다. 장막 문에 나타난 그 낯선 이는 수도 계량기 검침원이 아니라 천사로 밝혀졌다.

누가 이런 일을 예상할 수 있었을까? 누가 이런 일이 일어나게 만들 수 있었을까? 누가 천사의 날개를 움켜쥐고 하늘에서 끌어내려서는 그런 깜짝 놀랄 소식을 전하게 만들 수 있었을까? 이 일은 필연적으로, 불가피하게 일어난 일이 아니라, 호의에 의해, 값없이, 재미있게 일어난 일이었다. 물론 놀랍고 호의적이고 재미있는 것은 다름 아니라 하나님의 은혜였다. 아브라함과 사라가 할 수 있는 일은 그 터무니없는 소식 앞에 웃음을 터뜨리는 것뿐이었다. 두 사람은 눈물이 뺨을 타고 흘러내릴 때까지 웃었다.

비극은 피할 수 없는 일이다. 그러나 희극은 예측할 수 없는 일이다. 도로공사 중인 스팀롤러에 눌렸다가 반대편에서 다시 벌떡 일어날 것을, 잠시 빈대떡처럼 납작하게 눌렸다가 곧 살아나 꽥꽥거리리라는 것을 도널드 덕이 어떻게 알 수 있겠는가? 배기바지와 중산모 차림의 찰리 채플린이 여자에게 바람맞고 경찰에게 인정사정없이 머리를 얻어터지고 파이가 날아와 입을 갈기지만, 그래도 마지막에는 말끔하고 당당한 모습으로 나타나 그 무적의 지팡이를 휘두르며 그 무적의 콧수염을 씰룩거리리란 것을 어떻게 알겠는가? 위로자들이 하는 말이 지루해 죽을 지경에, 종기를 긁적이면서 자녀들과 온 집안 하인들의 연이은 장례를 도맡은 장례업자에게 밀린 장례비 독촉을 받고 있는 욥이 어떻게 예측할 수 있었을까? 충혈된 눈으로, 그러나 결코 이방인이 아닌 시선으로, 땅의 기초를 놓으신 분, 새벽별들이 함께 노래하며 하나님의 모든 아들들이 기쁨으로 함성 지르는 일을 이루신 분을 정말로 보게 되리라는 것을. 하나님께서 정직하고 믿음직한 사람에서가 아니라 협잡꾼에다 비열한 야곱을 선택하실 거라고 누가 예측할 수 있었겠는가? 술꾼 노아를, 이집트에서 사람의 머리를 쳐 죽여 놓고 미디안으로 도망쳐 벌을 모면하려 했고 체면만 아니라면 차라리 아론을 보내 책임을 지게 만들고 싶다 했던 모세를, 사람들에게 가서 말씀을 전하라고 했더니 미친 듯 성을 내면서 질질 시간만 끌던 들쑥날쑥 제멋대로의 선지자들을 지목하실 거라고 누가 예측했겠는가? 다윗과 밧세바 사이의 야비한 추문에서 그렇게 머리 좋을 뿐만 아니라 뜨거운 열정으로 교회 건축에 힘쓴 솔로몬이 태어날 줄 누가 알았겠으며, 그 솔로몬에게서 배교자 왕들이 긴 계보를 이루며 태어나다가 누구도 능히 예측할 수 없던 그런 부류의 왕에서 그 계보가 마침내 종식될 것을 누가 알았겠는가? 그 왕이 사람들의 시선을 끈 것은 고운 외모 덕분도 아니요, 사람들에게 왕처럼 행동하실 수 있었던 것은 중포대重砲隊의 무력 덕분도 아님을 알았던 제2이사야 정도나 알았을까?

물론 선택 그 자체의 희극적 요소도 있고 예측 불가능성도 있다. 하나님은 자신의 거룩한 백성으로 선택할 수 있는 그 모든 민족 중 유대 민족을 선택하셨다. 어떤 이의 말처럼 이들은 다른 모든 민족과 다를 바 없었고, 경건하다 해도 여느 민족보다 좀 더 경건할 뿐이었고, 세속적인 면에서는 마치 세속이라는 개념을 창안해 내기라도 한 듯 세속적이었다. 언약의 희극은 하나님께서 "너희를 내 백성으로 삼고 나는 너희의 하나님이 되리니"출 6:7라는 말씀을, 마치 원주민들처럼 금송아지 주변을 돌며 춤추고 새로 등장한 온갖 영농의 신과 다산의 신들과 바람을 피우는 민족에게 주셨다는 사실이다. 이 말씀이 이들의 귀에 울리는 그 왁자한 소리를 중단시키기 전까지 이들은 그런 민족이었다. 그런데 단 한 분을 제외하고 가장 위대한 왕, 완전히 종류가 다른 춤을 추던 왕을 낳은 민족도 이 민족이었다. 다윗왕은 치부가 드러날 정도의

옷차림으로, 귀족 기질의 아내가 순수한 공포를 느낄 정도로
마치 미친 사람처럼 여호와의 법궤 앞에서 춤을 추었다.
무엇보다도 그건 이 일에 담긴 멋진 농담을 이해했기
때문이다. 일어날 필요도 없고 아무리 해도 일어날 수 없는
일이라는 것이 은혜의 희극성이다. 그런 일이 일어난다는 건
생각할 수 없고, 그 일을 삼켜 버릴 만한 어둠이 아슬아슬
비껴가는 순간에 일어나기 때문이다.

예수는 "수고하고 무거운 짐 진 자들아 다 내게로 오라"
마 11:28고 말한다. 이는 비극이다. 우리가 어떤 존재이고 어떤
존재가 아닌지를 감안하면, 하나님이 어떤 분이고 어떤 분이
아닌지를 감안하면, 우리가 살고 죽어야 할 이 세상의 그 모든
아름다움과 고통을 감안하면, 우리는 수고하지 않을 도리가
없다. 그런데 이어서 예수는 말한다. "내가 너희를 쉬게
하리라."마 11:28 이는 희극이다. 그리고 희극은 화자인 예수와도
관련 있고 그 화자가 말하는 복음의 대사와도 관련 있다.

바울은 담대히 이 대사를 가지고 등장한 최초의 인물이다.
복음의 어리석음에 관해 고린도교회에 써 보낸 편지에서
바울은 "우리는 십자가에 못 박힌 그리스도를 전하니
유대인에게는 거리끼는 것이요" 다른 모든 이들에게는
"미련한 것"이라고 했다.고전 1:23 다시 말해 이는 우리가 전하는
말의 희극적 요소를 뜻한다. 그리스도의 삶 전체가 일종의
희극이라는 것이다. 그리스도가 한밤의 어둠 가운데 태어났을

때 하늘은 수많은 천군천사로 빛났고, 이들은 큰 소리
찬양으로 그리스도의 탄생을 노래했다. 그러나 이 사실을
아는 사람들, 심지어 그분의 어머니와 형제도 곧 이 사실을
잊어버렸던 것 같다. 그래서 예수가 메시아 같은 말을 하면서
나사렛으로 왔을 때 이들은 예수가 정신이 나갔다 여기고
그를 절벽으로 밀어 던져 자신들의 생각을 생생하게 보여
주려 했다. 예수는 사람들의 병을 고쳐 주고 귀신을 쫓아내며
떡 다섯 덩이와 생선 두 마리로 수많은 사람들을 먹이는 등의
기적으로 많은 이들의 기운을 북돋았다. 하지만 중국 음식과
마찬가지로 이런 기적들은 이들의 배를 든든히 해 주지는
못했다. 따라서 예수는 그 기적들의 지속적 효력을 위해
능력을 아껴 두는 게 좋았을지도 모른다. 예수가 한 말을
제대로 알아듣는 사람은 아무도 없는 것 같았다. 누구보다도
제자들이 특히 그랬다. 예수가 자신의 죽음의 불가피성에
대해 말했을 때는 심지어 베드로도 예수가 너무 멀리 갔다고
말했다. 마지막 식사 때, 예수는 여느 때처럼 친구들과 함께
식사를 하고 있었는데 자신을 잡으려는 폭력단이 이미 어둠
속에 매복하고 있고 이제 곧 지옥이 열리려던 순간 예수는
큰 확신으로 "담대하라. 내가 세상을 이기었노라"요 16:33고
말한다. 이 큰 확신은 곧 찰리 채플린의 확신이 된다.
배기바지와 중산모 차림의 보잘것없는 뜨내기로서 그토록
의기양양하고 기대에 부푼 얼굴을 하고 서 있을 때 채플린이

이긴 세상이 마치 출입문 위에 아슬아슬하게 놓여 있는 물 한 양동이처럼 쏟아져 내릴락 말락 하는 순간 채플린이 지녔던 그 확신. 마침내 예수를 매달 때 저들은 잘못된 이유에서 그렇게 행동한다. 저들은 민족주의 혁명가라는 이유로 예수를 매달지만, 예수가 추구하는 혁명은 인간 마음의 혁명뿐이며, 예수가 염려하는 것은 궁극적으로 모든 민족이다. 심지어 부활에도 일종의 희극적 요소가 있다. 가장 가까운 제자들도 처음에는 이 사실을 감당치 못하고 미신 같은 이야기로 치부해 버리며, 막달라 마리아는 새벽 미명에 예수에게 가서는 예수를 다른 누구도 아닌 동산지기로 착각한다. 예수의 손에 있는 붉은 자국은 장미꽃을 쥐고 있던 흔적이고, 발이 불편해 보이는 것은 뾰족한 막대기로 자갈길에 버려진 껌 종이를 주우며 오래 걸어왔기 때문이라고.

바울이 "유대인에게는 거리끼는 것이요 이방인에게는 미련한 것"고전 1:23이라고 말하는 것은, 그것이 사실이기 때문이다. 십자가에 못 박힌 그리스도를 전하는 일, 뜨내기로 보이는 왕, 바보들의 왕처럼 보이는 왕, 푸줏간에 내걸린 고깃덩어리처럼 종말을 맞는 하나님의 어린양을 전하는 일은 미련한 일이다. 도스토옙스키는 그리스도를 러시아의 한 공작으로 그린 소설에서 예수를 《백치 THE IDIOT》라고 부르며 이에 동조한다. 화가 루오 GEORGES-HENRI ROUAULT도 그리스도를 광대로 묘사하면서 이를 반영한다. 뮤지컬 〈가스펠 GODSPELL〉은

예수를 마치 소란스러운 서커스 무대에 나가려고 희게
분칠하고 몸에 꼭 붙는 의상을 입은 곡예사처럼
분장시킴으로써 역시 이에 동조한다. 신학자 키르케고르는
"수고하고 무거운 짐 진 자들아 다 내게로 오라. 내가 너희를
쉬게 하리라"는 말을, 남에게 줄 것 하나 없는 천하고
무력하게 보이는 사람의 말인 동시에 남에게 줄 것이 많다고
열광적으로 주장하는 지체 높고 힘 있는 사람의 말로 무한히
변주함으로써 이에 동조한다.

　　이 모든 희극은 블랙 코미디가 아니다. 유대인에게나
이방인에게나 처음에는 그렇게 보였을지 모르지만. 이들은
세상을 배울 때 만사를 결국 어둡게 보라고 배웠지만, 이는
화이트 코미디WHITE COMEDY, 하이 코미디HIGH COMEDY, 그리스도의
하이 코미디다. 눈물과 친밀한 코미디. 버스터 키튼BUSTER KEATON,
이나 마르셀 마르소MARCEL MARCEAU나 이디스 벙커EDITH BUNKER의 하
이 코미디가 눈물과 친밀하지만 그 눈물은 슬픈 눈물이 아니
라 기쁜 눈물, 비극적 예상보다는 예상치 못했던 기쁜 일에 흘
리는 눈물인 것처럼 말이다.

　　예수가 자기 삶의 희극을 보고 있는 듯한 때도 있다.
예수의 친구 나사렛 사람들, 함께 자랐고 함께 일했고 함께
놀던 사람들이 눈에 불을 켜고 예수에게로 와, 너는 최악의
경우 신성모독자요, 기껏 해봐야 미치광이라면서 절벽 아래로
밀어 던지려 한다. 그때 예수가 이들에게 말한다. "너희가

반드시 의사야 너 자신을 고치라 하는 속담을 인용하여 내게
말하기를."눅 4:23 목수의 아들 예수가 그리스도, 하나님의
아들을 자처하다니 이 얼마나 터무니없는 일인가. 예수는
이들이 자신을 그렇게 엉뚱한 자로 생각하고 있다는 걸 알고
있다. 예수 자신은 가난한 자 중에서도 가난한 자이고 이는
그 동네 사람 누구에게도 새로운 소식이 아닌데, 그런 예수가
가난한 자에게 좋은 소식을 전할 자로 기름 부음을 받았다고
주장하니 이들이 얼마나 모욕감을 느낄지 예수는 알고 있다.
그래서 예수는 말한다. "맹인이 보며 못 걷는 사람이 걸으며
나병환자가 깨끗함을 받으며 못 듣는 자가 들으며 죽은 자가
살아나며 … 누구든지 나로 말미암아 실족하지 아니하는 자는
복이 있도다."마 11:5-6 무슨 말이냐면, 말과 반대되는
겉모습에도 불구하고 예수가 그분 말대로 그리스도이며 또
그 말대로 행하는 분임을 알아보는 자는 복이 있다는 뜻이다.
상당히 자존심도 상할 것이고, 상식에도 반하며, 폭풍우
몰아치는 세상에서 가능한 일은 무엇이고 가능하지 않은 일은
무엇인지에 대한 자신들의 서글픈 통찰에도 반하는 일임이
틀림없지만, 그래도 예수로 하여금 그렇게 하게 놔두기만
한다면 말이다. 다시 말해, 농담을 알아듣는 자는 복이
있으리라는 것이다.

    예수 자신의 희극과는 별개로, 예수가 하는 말과 그 말의
형식에도 희극의 요소가 있는데, 이는 지극히 전형적인

비유의 형식이다. "예수께서 … 비유가 아니면 아무것도 말씀하지 아니하셨으니."마 13:34 마태는 이렇게 말하고, 마가도 똑같은 말을 한다. 선지자들과 달리 예수는 국제 정세나 열방 중 한 나라로서 이스라엘의 역할에 관해서는 별로 할 말이 없다. 추론 말고는 당대 역사상의 구체적 문제, 이를 테면 빈곤·노예제도·사회적 불의·세속 로마 정부의 비교적 관대한 전제 정치 아래서 살아남기 위해 애쓰는 유대의 반자치적SEMIAUTONOMOUS 신정정치의 그 모호함 등에 대해 예수는 별로 할 말이 없다. 이런 의미에서 예수는 한 설교자로서, 혹은 예레미야나 마르틴 니뮐러MARTIN NIEMOLLER나 라인홀트 니부어REINHOLD NIEBUHR 같은 사람처럼 당대의 중요한 공적 이슈에 종교적 믿음을 결부시키지 않는다. 설령 그랬다 해도 우리에게 주로 전해 내려온 말은 그런 발언이 아니다. 예수가 흥정한 것은 중요한 공적 이슈가 아니라 중요한 개인적 이슈였고, 외부 세상의 투쟁이 아니라 내면 세상의 몸부림이었다. 마태는 예수의 설교 방식을 설명하려 하면서 시편 78편에서 "내가 입을 열어 비유로 말하고 창세부터 감추인 것들을 드러내리라"마 13:35고 한 구절을 인용한다. 그리고 예수가 설교한 것이 감추인 개인적인 일, 궁극적으로 볼 때 말로 표현될 수 없는 일에 관한 것인 한, 어떤 의미에서 예수에게는 그런 식으로, 즉 선지자의 선동적 웅변술이나 신학자의 체계적 추상 개념이 아니라 이미지와 비유의 방식으로 설교하는 것 외에는 다른 수단이 없었다. 감추인 일들을 단순히 밝히기만 하는 게 아니라 그 일들이 살아 움직이게 하고 싶을 경우 우리가 쓸 수 있는 건 결국 이미지와 비유의 언어뿐이다.

　　하나님나라는 무엇인가? 예수는 사회 개편을 정치적 가능성으로 이야기하지도 않고 구원 교리를 하나의 교리로 이야기하지도 않는다. 예수는 영영 잃어버렸다고 생각했던 다이아몬드 반지를 되찾는다는 게 어떤 것인지 이야기한다. 예수는 아일랜드의 내기 경마에서 이기는 게 어떤 것인지 이야기한다. 예수는 한 자 한 자 명확히 풀어 주기보다는 암시를 한다. 설명하기보다는 환기한다. 불시에 낚아챈다. 설교의 솔기가 드러나게 하지 않는다. 어떤 때는 신비하고, 어떤 때는 모호하고, 어떤 때는 불경하되 늘 도발적이다. 예수는 비유로 이야기한다. 그리고 우리가 비록 오랜 세월 동안 경건한 자세로 이 비유에 접근했고, 거룩한 진리를 전달하는 엄중하고 경건한 수단으로 이 비유가 해설되는 것을 듣기는 했지만, 내가 생각하기에 전부는 아니더라도 이 비유들 상당수는 원래 전혀 엄중하지 않았고 오히려 익살맞고 코믹했으며 그저 약간 충격적일 때가 많지 않았나 싶다. 내가 생각하기에, 예수는 많은 비유를 일종의 슬프고 거룩한 농담으로 말한 것이었으며 예수가 자기 비유 설명하기를 꺼린 듯한 데에는 이런 이유도 있지 않았나 싶다. 농담은 원래 설명

안 하는 게 나으니 말이다. 물론 내 말은 예수가 농담을 위한 농담을 했다는 뜻이 아니다. 예수의 농담이 설교자가 설교 시작 전 분위기를 부드럽게 하려고, 엄숙해 보이는 검정색 가운을 입고 있긴 하지만 자신도 청중과 다름없이 웃을 줄도 알고 다른 모든 이들과 똑같은 인간임을 보여 주려고 동원하는 일종의 경건한 재담 같은 것이었다는 말도 아니다. 내가 말하는 농담이란, 부자가 낙원에 들어가기는 벤츠가 회전문 통과하기보다 더 어렵고, 부자가 낙원에 들어가기는 넬슨 록펠러가 은행 야간금고의 현금투입구를 통과하기보다 힘들다고 하는 그런 종류의 농담을 말한다. 하나 더 추가하자면, 사람에게는 불가능하나 하나님은 불가능한 일의 주인이시므로 하나님에게는 만사가 가능하다고 한 것을 들 수 있다. 하나님이 불가능한 일의 주인이심은, 인간이 가능하다고 생각하는 일의 관점에서 볼 때 하나님은 결국 유별나고 불가능한 신이기 때문이다. 내가 보기에 예수의 비유는 대개 하나님에 관한, 인간에 관한, 그리고 복음 자체에 관한 고급하고 거룩한 농담, 이런 농담 중 가장 고급하고 가장 거룩한 농담으로 읽힐 수 있다.

하나님이 누구이시기에 인간은 그 헤아릴 수 없는 필요에 따라 그분에게 기도를 하는가? "주 나의 친구시여, 주님이 제 원수라 해도 어떻게 저를 쳐부수고 좌절시키는 것도 모자라 더 심하게 하시려는 것입니까?"[8] 예수가 쓰는 이미지의

특징을 알려면 그분의 비유를 듣고 우리 머리에 가장 먼저
떠오르는 이미지를 생각하는 수밖에 없다. 우리는 하나님을
가리켜 못 고치는 병이 없는 위대한 의원 같다고 할 수도
있다. 힘없고 가진 것 없는 시민에게까지 집무실을 늘
개방하는 훌륭한 대통령 같다고 할 수도 있다. 하지만 예수는
뭔가 완전히 다른 말을 한다. 예수는 하나님을 가리켜 친구가
한밤중에 찾아와 문을 두드릴 때 "아이들이 깨잖아. 썩
꺼져"라고 말하다가 친구가 초인종에 기대서서 간청하면
그때서야 흐트러진 잠옷에 머리는 산발을 한 채 비틀비틀
계단을 내려와 친구가 달라는 것을 주어 얼른 쫓아버리는
사람 같다고 한다. 예수는 하나님이 워터게이트 사건에
연루된 부정직한 변호사 같다고 한다. 이 변호사는 그 일을
책으로 쓰는 데 정신이 팔려 의뢰인이 전기 회사를 상대로
벌인 소송에서 이기든지 말든지 신경을 안 쓰다가 급기야
비서를 불러 지시한다. 의뢰인을 어떻게든 구슬려 자꾸
귀찮게 하지 못하게 하라고 말이다. 하나님은 인간의 기도에
응답하시는가? 예수는 말한다. 열 살짜리 내 아이가 금붕어를
사 달라고 하는데 흑거미를 사 주겠느냐고. 아이가
초콜릿아이스크림을 사 달라고 하는데 주먹으로 얼굴을 때려
앞니 두 개를 부러뜨리겠느냐고. 예수가 하는 말을 들으면
바보 같은 대답이 나올 수밖에 없는 바보 같은 질문을 하고
있는 것 같다. 우리가 하는 설교도 그렇게 바보 같다.

또 다른 곳에서 예수가 말하는 것을 보면, 하나님에 관한 희극은 점점 의미가 깊어지고 훨씬 더 익살맞고 생각지 못했던 성격을 띠게 되며, 그래서 이런 것이 바로 희극의 본질이 아닌가 하게 된다. 예를 들어 달란트 비유를 보자. 다섯 달란트 받은 사람은 제5차 사라토가 경마 대회에 출전한 말 '아름다운 꿈'에게 그 돈을 걸고, 아름다운 꿈이 1등을 해서 가진 돈을 두 배로 늘린다. 두 달란트 받은 사람은 주식 브로커를 통해 유나이티드 디스틸러스사社의 주식을 두 주 사고, 시장이 활황이 되어 다섯 달란트 받은 사람처럼 돈을 두 배로 늘린다. 한편 한 달란트 받은 사람은 안전만 꾀하는데, 여기에는 그럴 만한 이유가 있다. 나중에 이 사람이 설명하는 말에 따르면, 이 사람은 달란트 주인이 냉정한 사람임을 알고 있으며, 상황이 전개되는 것을 볼 때 그 생각은 절대적으로 옳다. 그래서 한 달란트를 받을 때 혹여 그 돈을 잃게 될까 겁이 나서 분별력을 잃은 그 사람은 한 달란트를 밑천 삼아 더 큰 돈을 벌려 하는 게 아니라 낡은 양말 속에 돈을 집어넣어 굴뚝 속에 감춰 버린다. 이 비유를 가만히 듣다 보면 이제 곧 결정적 대사가 등장할 것을 기대하게 된다. 달란트 주인이 이렇게 말할 것이라고 말이다. "한 달란트 받은 사람처럼 안전을 도모하라. 경마는 하지 말라. 하나님은 완고한 분이시다. 그분이 주시는 것을 소중히 여겨, 다음번에 그분이 확인하실 때 확실히 그대로 갖고 있을 수 있게 하라." 예수의

말을 들어 보면, 주인은 물론 그렇게 말하지 않는다. 믿음을
갖는다는 것, 생명을 소유한다는 것, 담대하다는 것이 뭔지,
아니 그게 뭐든지 간에 빛나는 모범을 보였다고 칭찬받는
이는 모 아니면 도로 모험을 한 사람이다. 나중에 후회할 짓을
하느니 안전한 게 낫다고 했던 사람은 믿음이나 생명이나
담대함이나 혹은 그밖에 무엇을 받았든 그것을 꼬리 밑에
숨기곤 쌀쌀한 10월의 토요일 축구장 하프라인에 따뜻한 물병
껴안고 앉아 있는 노장 축구선수처럼 그 위에 앉아 있다고
호되게 야단을 맞는다.

"많이 가진 자에게서 취하여 적게 가진 자에게 줄 것이다."
우리가 예상하는 건 이런 말일 것이다. 그러나 우리 귀에
들리는 말은 그게 아니다. 오히려 "있는 자는 받아 넉넉하게"
될 것이라고, 예수는 주인이 터무니없는 말을 하게 한다.
"없는 자는 그 있는 것도 빼앗기리라"고.마 13:12 왜냐하면
그것이 진실이고, 비유가 희극일진대 이는 고급 코미디이며
이 코미디와 친밀한 눈물은 이 경우 한 달란트 받은 사람을
위한 눈물이기 때문이다. 이 사람은 따뜻한 물병을 옆구리에
끼고 바깥 어두운 곳으로 간다. 살았으나 산 것 같지 않은
사람에게 삶이란 그렇게 다가오기 때문이다. 다만 한 가지
궁금한 것은 이 비유의 예측불가성과 희극적 요소가 무엇을
암시하느냐는 것이다. 이는 한 달란트 받은 사람의
비극조차도 폭이 넓어지고 깊이가 깊어지는 농담을

가리킨다는 사실을 암시할 수 있다. 즉, 하나님에게는 만사가 가능하므로 한 달란트 받은 사람도 어쩌면 결국에는 구원받으리라는 것이다. 경우에 따라서는 낙타가 결국 어떻게든 바늘귀를 통과하는 것처럼 말이다.

하나님은 분별력이 좋아 애초에 길을 잃지 않는 아흔아홉 마리 양보다 한 번 잃어 버렸다가 다시 찾은 한 마리 양이 더 사랑스러워 어쩔 줄 모르는 코믹한 목자다. 돈 많고 세련된 사람들은 다른 중요한 일이 있어 하나님과 더불어 즐겁게 살 수 없는 것으로 드러나지만, 그럴 때도 하나님은 우범지대와 무료 급식소와 자선병원을 찾아 나서서 기이한 구경거리를 가지고 오는 괴짜 주인이시다. 두 다리가 없는 사람이 길모퉁이에서 구두끈을 팔고 있다. 좀먹은 모피 코트 차림의 늙은 여인은 날마다 동네를 순회하며 쓰레기통을 뒤진다. 술병이 들어 있는 갈색 봉투를 들고 비틀거리는 술주정뱅이 노인, 마약 장사, 매춘부, 깜박이는 신호등 아래 서서 차들이 지나갈 때마다 고개를 좌로 틀었다 우로 틀었다 하는 동네 바보. 이들이 넓은 연회장, 두툼한 자카드직 덮개가 덮인 테이블에 둘러앉아 있다. 촛불이 환히 밝혀져 있고 포도주 잔이 가득 찼다. 연회장 주인의 신호에 회랑에 자리 잡고 있던 악단이 "어메이징 그레이스"를 연주하기 시작한다. 이 광경을 굳이 설명하려고 하지는 말라.

내가 생각하기에 이 비유들은 하나님에 관한 농담으로

읽힐 수 있다. 이 비유들이 본질상 불가능한 사람들로
불가능한 일을 하시는 하나님의 기이함에 관한 비유라는
의미에서 말이다. 나는 이 비유들의 희극성이 단순히 이
비유에 담긴 진리를 쉽게 풀어 설명하는 장치가 아니라 여기
담긴 진리가 저절로 희극적으로 여겨지도록 하기 위한
장치라고 생각한다. 이 점이 더할 수 없이 명백하게 드러난
것으로 모든 비유 중 가장 위대한 비유, 그 나름의 방식으로
가장 코믹하기도 하고 가장 슬프기도 한 이 비유 말고 다른
것을 생각할 수 없다. 그 비유는 바로 탕자 비유다. 탕자는
유산을 미리 받아가지고 집을 나가서는 술과 섹스와 멋진
옷에 그 많은 돈을 다 탕진하고, 급기야 빈털터리가 되어 이제
밥벌이를 하든지 아니면 굶어 죽든지 해야 하는 상황이 된다.
탕자는 돼지 농장에 취직을 해서 열악한 현실을 견뎌 내지만
자기 신세가 돼지보다 못한 것을 깨닫고 집으로 돌아가기로
결심한다. 이 결정에는 우리에게 교훈이 될 만한 게 아무것도
없다. 자신이 멍청한 짓을 해서 늙은 아버지 마음을 아프게
했음을 깨달았다는 암시도 없고, 아버지를 현금 지급기
이상의 어떤 존재로 생각한다는 암시도 없다. 자기 행실을
미안해 한다는 기색도, 어떻게든 개과천선해서 다음번에는 더
잘 하기로 마음먹었다는 기미도 없다. 집으로 돌아가기로
마음먹은 이유는 단순하다. 이 아들은 집에서는 하루 세끼를
꼬박꼬박 먹는다는 걸 알고 있다. 이제 굶어 죽을 위기에 처한

상황에서 그건 집에 돌아갈 이유가 되고도 남는다. 그렇게 그는 귀향길에 나서고, 아버지를 만나서 할 말을 연습하며 길을 간다. 늙은 아버지 마음이 누그러져 최소한 문전박대를 당하지는 않기를 바라면서 말이다. "아버지 내가 하늘과 아버지께 죄를 지었사오니 지금부터는 아버지의 아들이라 일컬음을 감당하지 못하겠나이다." 그렇게 말하면 아버지 마음이 움직여 자신을 가엾이 여길 것이라 생각하며 되뇐다. "아버지 내가 하늘과 아버지께 죄를 지었사오니 지금부터는 아버지의 아들이라 일컬음을 감당하지 못하겠나이다." 눅 15:18-19 최대한 불쌍해 보이는 억양과 몸짓을 연습하면서. 대사와 억양과 몸짓이 숙지되었을 무렵, 늙은 아버지는 저 멀리 테니스 코트 아래 길모퉁이를 돌아 나오는 아들을 알아보고 마치 미친 사람처럼 한걸음에 달려 내려온다. 아들이 뭐라고 말을 꺼내기도 전, 노인은 두 팔로 아들을 감싸 안고 좋아 어쩔 줄 몰라 눈물을 흘리고 볼을 부비며 믿어지지 않는다는 듯한 웃음으로 아들을 맞이한다.

    아들이 돌아왔다, 중요한 건 그뿐이다. 왜 돌아왔든 그게 무슨 상관인가? 늙은 아버지는 하늘 아래 있는 여느 아버지처럼 하지 않는다. 집 떠나서 고생했으니 깨달은 게 있기를 바란다는 말도 하지 않고, 그것 봐라 내가 뭐라 그랬느냐는 말도 하지 않는다. 이제 정신 차리고 정착하기를 바란다는 말도, 떠나 있던 시간만큼 어떤 식으로든 어머니에게 잘 하라는 말도 하지 않는다. 그저 이렇게 말한다.
"부디 이 아이에게 먹을 것을 가져다 주어라, 따뜻한 옷을
가져다 입혀라." 아들은 오는 길에 준비해 온 말을 간신히
입에 올렸지만, 노인은 아들이 그런 상태에 있다는 말을
듣지도 않는다. 노인이 할 수 있는 말이란, 아들이 죽었다가
다시 살아 왔다는 것뿐이다. 늙은 아버지는 아들을
잃어버렸다가 다시 찾았다. 이 장면의 마지막에서, 비유를
들려주는 사람으로서 예수가 하는 말은 "이들이 먹고 즐기기
시작했다"는 것이다.눅 15:23 다른 모든 일을 제치고 이들은 우선
즐긴다. 음악을 튼다. 최고 품질의 위스키 병을 꺼낸다. 거실에
카펫을 깔고 전화로 이웃 사람들을 부른다.

그렇다면, 복음을 엉터리 같고 경이로운 농담으로
들어야만 진짜로 복음을 듣는 것인가? 다른 무엇으로 듣든
복음은 교회의 일이고, 설교자의 일이며, 강사의 일이다.
농담으로, 고급하고 감춰진 농담, 웃음으로 울려 퍼지는
농담으로 들어도 어쨌든 복음은 하나님의 일일 뿐이다.

그리고 복음이 하나님의 터무니없음에 관한 농담이라면,
이는 그 비유의 결말이 예시하듯이 인간의 터무니없음에 관한
농담이기도 하다. 탕자의 형은 쇠똥 천지인 목장에 있다가
집 쪽에서 들려오는 흥겨운 잔치 소리를 듣는다. 이 소리를
듣고 형이 보인 반응에 죄라는 이름을 붙이기에는 죄라는 말의
의미가 너무 크고 깊다. 하지만 다른 면에서는 죄야말로 형의

태도를 적절히 표현하는 말이기도 하다. 왜냐하면 일곱 가지 치명적인 죄의 그 치명성이 이보다 더 치명적일 수 없게, 혹은 이보다 더 우스꽝스러울 수 없게 드러나는 곳이 바로 이 형의 태도이기 때문이다. 시기와 교만과 분노와 탐심, 형의 태도에는 이 모든 것이 다 있다. 더 나아가, 세습 재산을 깔고 앉아 손 하나 까닥하지 않고 이득을 얻는 모습에서는 게으름도 엿보이고, 탕자가 창기에게 돈을 탕진했다고 손가락질하면서 그 창기에게 군침을 흘리는 모습에서는 정욕도 엿보인다. 형은 펙스니프 PECKSNIFF 다. 타르튀프 TARTUFFE 다. 마크 트웨인이 가장 나쁜 의미에서 선인善人이라고 칭한 그런 부류의 사람이다. 형은 우리 모두에게 있는 모습, 즉 즐거워할 줄도 모르고 자기 잇속만 차리는 쩨쩨한 모습의 풍자화다. 이 모습에 담긴 우스운 상황은, 그럼에도 불구하고 아버지가 이 아들을 사랑한다는 사실, 그리고 언제나 사랑했고 앞으로도 늘 사랑하리라는 사실이다. 오직 탕자의 형, 그 자신만 이 사실을 알아차리지 못한다. 이 아들은 단 한 번도 사랑을 얻으려 애쓴 적이 없고, 오로지 자기 몫의 유산만 바랐기 때문이다. 살진 송아지, 최고 품질의 스카치위스키, 흥겨운 춤사위 등, 언제든 요구만 하면

▶ 찰스 디킨스의 소설 《마틴 처즐위트》에 등장하는 위선자.
▶ 몰리에르의 희극 《타르튀프》의 주인공으로, 위선자를 뜻하는 일반명사가 되었다.

이 모든 것이 다 자기 것일 수 있었다. 다만, 기쁨 같은 건 모르는 채 신앙적 열심으로 그것을 획득하려 노력하느라 바빠 그걸 요구할 생각을 못했을 뿐이다. "맹인이 보며 못 걷는 사람이 걸으며 … 못 듣는 자가 들으며 죽은 자가 살아"남과 동시에 탕자 자신도 다시 살아났다고 예수는 말한다. "누구든지 나로 말미암아 실족하지 아니하는 자는 복이 있"다고.마 11:5-6 분에 넘치게 받는 사람을 보고도 실족하지 않는 자에게는 복이 있다. 농담을 이해하는 사람, 그 기적을 알아보는 사람에게는 복이 있다.

    예수의 말인즉, 이것을 알아보지 못하는 사람은 탕자의 형 같은 사람이라는 것이다. 이들은 자기 나름의 쓸데없는 진지함에 발목 잡혀서 이 일의 희극적 요소를 보지 못한다. 여기서 예수가 사용하는 이미지, 이 축소판 비유에도 동일한 종류의 슬픈 농담이, 유대인 특유의 서글픈 유머, 즉 게토GHETTO 유머가 서려 있다. 신앙 깊은 체하는 자들은 눈먼 안내자라고 예수는 말한다. 그리고 이들의 안내를 받는 사람들 역시 눈멀어 있다고 한다. 이들은 한 발짝 한 발짝 길을 따라 내려오고 있다. 안내자는 흰 지팡이를 짚고 있고, 이들의 안내를 받는 사람들은 콜라병 바닥만큼 두툼한 백내장 환자용 렌즈를 끼고 있다. 이들은 담배 가게 앞 인디언 모형만큼 답답하고 부자연스럽게 걸음을 옮긴다. 하늘에 구름 한 점 없고 태양은 밝게 빛난다는 사실에 눈먼 채. 이들은 낮의

아름다움과 멋짐을, 주변 세상의 아름다움과 멋짐을 보지
못한다. "인생은 너희가 생각하는 것 그 이상이지 않느냐?"고
예수는 말한다. "들판의 백합꽃들이 어떻게 자라는지 생각해
보라. 수고도 안 하고 길쌈도 안 하고 장부 기재도 안 하지만,
솔로몬의 명예박사 예복은 그 꽃의 발치에도 못 미친다."마 6:28-29 앞 못 보는 안내자와 그 안내자의 인도를 받는 사람들은
서로를 보지 못하고 인간으로서 자신의 깊은 결핍도 보지
못한다. 뚜껑 열린 맨홀이 앞에 나타나도 보지 못하며, 그래서
코미디언들이나 자랑스러워 할 우스꽝스런 모양새로 텀벙
거꾸로 꼬라박히고 만다.

    사람들은 만사에 대비를 하지만 자신들의 눈먼 상태
그 어둠 저 너머에 큰 빛이 있다는 사실에는 대비를 못한다.
이들은 맨날 똑같은 밭에서 백년하청으로 허리가 부러질 만큼
쟁기질을 할 각오는 되어 있지만, 돈 궤짝에 발이 걸려
넘어지기 전에는 알지 못한다. 텍사스주를 통째로 사들일 수
있을 만큼 큰돈이 그 밭에 묻혀 있다는 사실을. 이들은
인정사정없는 계약을 맺는 하나님에 대해서는 대비를 하지만,
한 시간 일했는데 하루 일당을 주시는 하나님에 대해서는
마음의 준비를 하지 않는다. 이들은 도룡뇽의 눈만 한 겨자씨
하나님나라에 대해서는 대비를 하지만, 그 씨앗이 자라 큰
보리수나무가 되고 새들이 그 가지에 앉아 모차르트를
노래하게 된다는 사실에는 대비하지 않는다. 이들은

제일장로교회에서 있을 포트럭 만찬을 위해 음식 한 가지씩은
준비하지만, 어린양의 혼인 잔치는 준비하지 않는다. 한밤중에
신랑이 머리에 포도나무 잎사귀를 꽂고 마침내 도착할 때,
이들은 등잔에 불을 붙여 신랑의 길을 비춰 주려 하나 깜박
잊고 등잔에 기름 채워 놓지 않은 탓에 거기 멍하니 서 있고,
발이 커서 유리 구두가 맞지 않는 처녀들의 커다란 맨발만
어둠 속에서 어렴풋이 보인다.

 이렇게 해서 마침내 희극으로서의 복음 자체가 등장한다.
키다리와 난장이, 피터팬과 후크선장, 오즈의 마법사와
허수아비가 함께 나오며, 끝이 없는 위대함과 영광 중에 계신
하나님과 끝없이 쩨쩨한 인간, 최악에는 대비하면서 최선에는
좀체 대비하지 않으며 가능한 일에는 대비하면서 불가능한
일에는 좀체 대비하지 않는 인간이 함께 나오는 복음이.
오랫동안 나쁜 소식만 들어온 탓에 좋은 소식이 들려와도
몇몇 소수 외에는 누구도 크게 신경 쓰지 않는 세상에 갑자기
좋은 소식이 들려온다. 그 소식에 귀 기울이는 소수는 어떤
사람들인가? 이들은 다른 모든 이들과 마찬가지로 수고하고
무거운 짐 진 자들이지만, 다른 모든 이들과 달리 자기가
수고하고 무거운 짐 지고 있음을 아는 사람들이다. 이들이 이
소식에 귀 기울일 것이라고는 누구도 예상치 못했을 것이다.
이 사람들 자체가 불편한 농담이요, 세상의 들러리와
허수아비, 세리와 매춘부와 부적응자다. 이들은 불쌍한

사람들, 비탄에 잠긴 사람들, 세상의 지혜라는 관점에서 볼 때 어린아이요 미친 사람이요 바보들이다. 이들은 면도하다 얼굴을 벤다. 세상이 이들을 부자로 보든 가난한 자로 보든, 성공한 사람으로 보든 실패한 사람으로 보든, 이들은 기꺼이 기적을 믿고자 하는 사람들이다. 자기 안에 있는 텅 빈 공간, 원래 은혜와 평강이 있어야 할 그곳을 그 은혜와 평강으로 채우려면 기적이 필요하다는 걸 알고 있기 때문이다. 늙은 사라와 사라의 틀니는 알고 있다. 사라의 내면에 있는 빈 공간, 결코 오지 않을 아기를 기다리고 있는 그 공간이 채워지려면 기적이 필요하다는 것을. 그래서 천사가 나타나 아기가 태어날 것이라 전할 때 사라는 웃고 아브라함도 아내와 함께 웃는다. 눈물이 다 말라붙어 남은 거라곤 웃음밖에 없었기 때문이다. 천사가 전하는 말은 사실이라고 하기에는 너무 좋지만, 또 누가 아는가? 오히려 너무 좋아서 사실이 아닐 수 없다는 게 이 모든 일의 진상眞相일 수 있다.

설교자는 강대상의 스탠드를 켜고 목청을 가다듬은 뒤 비극의 말과 희극의 말을 다 한다. 두 가지 다 진리의 말이기 때문이다. 예수도 두 가지를 다 말씀하시므로 그렇게 하는 게 설교자에게 복이다. 설교자는 하나님의 가시적 부재를 말함으로써 진실을 이야기한다. 설교자가 세상에 하나님이 부재하심을 보고 그것을 깨끗이 인정하지 않는다면 그 설교자야말로 하나님의 부재를 보지 못하는 유일한 사람일

것이기 때문이다. 그 경우, 설교자가 하나님의 비가시적
임재로 여겨야 할 것들을 말하면서 이를 실감나게 전하려 할
때 누가 그 말을 진지하게 듣겠는가? 죄와 은혜, 부재와 임재,
비극과 희극, 이것들은 세상을 양분하며, 이것들이 정면으로
만나는 곳에 복음이 등장한다. 설교자는 터무니없는 이 만남,
원래 그대로 고상하고 자발적이며 유쾌한 이 만남의 복음을
설교해야 한다.

    나는 비극을 필연적인 것으로, 그리고 희극은 예측할 수
없고 내면에서 볼 수 있는 것으로 이야기했는데, 내가
보기에는 그렇게 보인다. 보도를 걷는 찰리 채플린은 자기
앞에 바나나 껍질이 떨어져 있는 걸 보지 못하는 반면, 욥은
하나님과의 논쟁에서 자신이 패할 운명이라는 것을 처음부터
알고 있다. 하지만 외부에서 보면, 하나님이 보시는 대로,
그리고 하나님의 은혜로 인간도 가끔 갖게 되는 그 관점에서
보면, 사실은 정반대가 아닌지. 신의 관점에서 볼 때,
필연적이지 않아 보이는 일은 비극인 반면, 반드시 일어날
수밖에 없는 일은 희극이다. 가장 가망 없는 사람들, 게다가
기대조차 하지 않는 사람들을 하나님이 구원하시는 이 희극,
하나님이 인간과 함께 그리고 인간이 하나님과 함께 웃는
농담, 내가 생각하기에 이것이 바로 필연적인 일이며
리어왕이 그 비극적 생애의 종착점에서 희미하게 감지하는 게
바로 이것이다. 자신을 둘러싼 세상의 상황이 최악이 되었을

때, 리어왕은 사랑하는 딸에게 말한다.

    … 자, 감옥으로 가자꾸나

    우리 둘이서만 …

    그렇게 우리 살자꾸나

    기도하고, 노래하고, 옛날이야기하면서, 웃으면서 … 5막 3장 8-12행

동화로서의 복음

옛날에 어느 먼 나라에 위대한 마법사가 살고 있었다. 옛날에 깊은 숲속에 가난한 나무꾼 부부가 살고 있었다. 옛날에 어떤 궁전 사람들이 마법에 걸려 모두 깊은 잠에 빠지고 말았다. 깨어 있는 사람이 하나도 없는 탓에 거미들이 창문마다 마치 은(銀)커튼처럼 거미줄을 쳤고, 한때 왕이 어전회의를 열던 방에도 거미줄이 드리웠고, 새들이 날아와 둥지를 틀었으며, 도토리를 숨겨 두려는 붉은 다람쥐들도 드나들었다. "옛날에", 즉 시간을 초월한 어느 때, 혹은 시계로 측정되는 시간과 완전히 다른 성질의 어떤 시간에, 혹은 시작도 없고 끝도 없기에 시간이라고도 할 수 없는 어떤 시간에. 거기 한 마법사가, 나무꾼이, 왕이 살고 있었다. 즉, 그렇게 믿어야 한다면 다른 믿음은 다 포기해야 한다는 뜻이다. 그런 피조물은 존재할 수 없기에 그들은 거기 살고 있지 않았다고 하는 믿음을 포함해서 말이다. 먼 나라, 깊은 숲속, 궁전, 이는 만약 이런 곳에 스스로 들어가 보고 싶다면 어느 정도 어린아이와 같은 마음으로 들어가야 한다는 뜻이다. 세상에 그런 곳은 있을 수 없다고 간단히 일축해 버리는 게 아니라 적어도 그런 곳이 존재할 가능성을 믿기 위해서는 어린아이가 되어야 하기 때문이다.

옛날에 루시라는 아이가 있었다. 루시는 어느 오래된 집에서 다른 아이들과 숨바꼭질을 하고 있었다. 순서에 따라 술래가 된 루시가 어떤 방에 들어갔는데, 그 방에는 다른 가구는 하나도 없이 구닥다리 옷장 하나만 덩그러니 놓여 있었다. 루시는 다른 아이들이 자기를 찾느라 소란스럽게 복도를 따라 내려가는 소리를 들으며 가만히 옷장 안으로 몸을 숨겼다. 옷장에는 옷들이 걸려 있고 바닥에는 좀약이 놓여 있었다. 옷장 안쪽으로 깊이 파고들어가던 루시는 걸려 있는 옷들이 얼굴과 팔에 쓸리는 걸 느꼈고 발밑에서 좀약이 바스락거리는 소리를 들을 수 있었다. C. S. 루이스Clive Staples Lewis는 이렇게 쓰고 있다.

> 옷장 속은 아주 컴컴해서, 루시는 옷장 뒷면에 얼굴을 부딪치지 않으려고 두 팔을 쭉 내밀었다. 처음에는 한 걸음, 그리고 이어서 두 걸음 세 걸음, 손가락 끝에 나무 벽면이 느껴지겠지 하면서 내디뎠다. 그러나 웬걸 옷장 뒷면은 손에 닿지 않았다.
> "엄청 큰 옷장인가 보네." 루시는 그렇게 생각하며 부드러운 코트 자락을 옆으로 밀쳐내면서 계속 앞으로 나갔다. 그러다가 루시는 발밑에서 뭔가가 바삭거리는 소리를 들었다.
> "여기도 좀약이 있는 건가?" 루시는 그렇게 생각하며 허리를

굽혀 발밑으로 손을 뻗어보았다. 그러나 딱딱하고 매끈한 옷장 바닥면이 아니라 부드러운 가루 같고 아주 차가운 뭔가가 만져졌다. "정말 이상하네." 루시는 그렇게 말하며 계속 한 걸음 또 한 걸음 내디뎠다. 다음 순간 루시는 부드러운 털이 아니라 뭔가 딱딱하고 거칠고 심지어 따끔거리기까지 하는 것이 얼굴과 손에 스친다는 걸 알아차렸다.

"아니, 이건 꼭 나뭇가지 같잖아!" 루시는 놀라 소리 질렀다. 그리고 그 순간 루시 앞에 불빛이 보였다. 옷장 뒷면이 있어야 할 한두 발짝 앞이 아니라 저 멀리서 보이는 불빛이었다. 차갑고 부드러운 뭔가가 머리 위로 떨어지고 있었다. 잠시 후 루시는 자신이 한밤중의 숲 한가운데 서 있다는 것을 깨달았다. 발밑에는 눈이 쌓여 있었고 하늘에선 눈송이가 떨어지고 있었다.[9]

조지 맥도널드GEORGE MACDONALD의 소설《몽상가들FANTASTES》의 주인공 아노도스는 물소리에 잠이 깨어 눈을 떴다가 자신의 침실에 맑은 시내가 흐르는 것을 발견한다. 카펫은 가벼운 산들바람에 이리저리 몸을 눕히며 흔들리는 풀밭으로 변해 있고, 가구는 온통 아이비 덩굴로 휘감겨 있다. 침대 휘장은 커다란 나뭇가지가 되어 있고 가지에 매달린 잎사귀들이 아노도스의 얼굴에 그늘을 드리우고 있다. 나무는 빽빽한 숲 가장자리에 자리 잡고 있고, 사람들이 오가며 생긴 좁다란 길은 풀과 이끼가 뒤덮여 보일 듯 말 듯 이어지고 있다. 또, 고양이와 함께 벽난로 옆에서 꾸벅꾸벅 졸던 앨리스는 벽난로 선반 위 거울이 기이하게 보이는 것을 보고 선반 위로 올라간다. 거울은 밝은 은빛 안개처럼 서서히 녹아 없어지기 시작하고, 앨리스는 거울이 있던 자리로 발을 들여놓는다. 혹은 농가 한 채가 회오리바람에 휘말려 폭풍우 몰아치는 하늘로 높이높이 솟구치다가 마침내 멈추고, 안에 있던 아이가 문을 열고 나와 오즈의 나라에 들어선다. 내가 아는 한, 동화를 만들어 내지 않은 시대는 단 한 번도 없었다. 당대에 무슨 일이 일어나고 있는지는 중요하지 않은 것 같다. 전시戰時일 수도 있고 평화 시대일 수도 있으며, 풍요로운 잔치 때일 수도 있고 기아 시대일 수도 있다. 칼뱅의 제네바가 배경일 수도 있고 캘빈 쿨리지 대통령의 미국이 배경일 수도 있다. 정치·경제·종교·예술의 동향이 어떠하든, 사람들은 늘 동화를 이야기하며 사는 것 같다. 그런 동화들 중에는 너무 오랜 세월 사람들의 입에 오르내렸기 때문에 도대체 어디에서 처음 시작되었는지 알 수 없는 것은 물론 언제 끝날 것인지, 끝나기는 할 것인지 알 수 없는 이야기도 많다. 이 이야기들은 저마다 다 다르지만, 그래도 어떤 공통적 특징이 있는 것 같다. 동화는 내가 아는 다른 어떤 문학 형식과 달리 반드시 문학가들이 지어내는 게 아니라 그냥 일반 사람들이 마치 꿈을 꾸듯이 지어내는 경우가 많기 때문에, 적어도 좋을 때나

나쁠 때나 시대를 초월해 우리가 늘 꿈꾸는 그런 종류의
일들에 대해 우리에게 해 줄 말이 많다고 믿을 이유가 있는 것
같다. 아이들에게 늘 동화를 들려주기도 하고, 또 어릴 때부터
늘 들어 잘 기억하고 있기 때문에 대부분의 동화 내용은 굳이
찾아보거나 책에서 읽을 필요 없이 그냥 기억에서 훑어
내기만 하면 된다. 동화는 비록 정도의 차이는 있어도 우리의
일부가 되었으니 말이다. 나 자신의 취향을 말하자면,
심리학자 입장에서나 혹은 신화학자 입장에서 그 동화가 무슨
의미인지 설명하기는 그 동화에 무엇이 담겨 있는지 그냥
살펴보는 일에 비해 어려움은 더하고 재미는 덜하다. 꿈의
세계나 기억의 세계와 마찬가지로, 동화의 세계는 어릴 때
동화를 읽었든 지금도 여전히 읽든 읽지 않든 우리가 살면서
한두 번쯤 머무른 세계다. 신데렐라나 잠자는 숲속의 미녀는
우리가 숨 쉬는 공기의 일부이며, 나는 일종의 고고학자로서
이 동화의 의미를 발굴하고 분석하기보다는 그냥 여행
안내자처럼 이 이야기들에서 우리가 파악해야 할 몇 가지
주요 통찰들을 써 나가고 싶을 뿐이다.

먼저, 동화의 세계 자체에 대해서만 말하는 게 아니라 그
세계가 어디에 있고 어떻게 거기 이르는지에 대해 뭔가를
말해 주는 이야기들부터 시작하겠다. 이런 이야기들은 그곳이
생각만큼 멀지 않으며 형편만 좋으면 사실 거기 이르기가
그렇게 어렵지 않다는 점에 대개 동의하는 것 같다. 아이들이

숨바꼭질하면서 놀고 있는 집은 아브라함과 사라가 두 뺨에 눈물이 흐를 만큼 웃던 곳인 그 장막만큼이나 평범한 집이다. 청년 아노도스는 지금까지 수백 번 그랬던 것처럼 자기 침대에서 잠이 깼고, 앨리스가 난로 옆에서 고양이 디나와 함께 몸을 웅크리고 있던 시공간時空間에는 특별히 기이하다 할 만한 게 아무것도 없었다. 앨리스 자신이 빅토리아 시대 런던에 살고 있든지, 오즈의 마법사에 등장하는 도로시 게일이 19세기 말 캔자스에 살고 있든지 특별히 이상할 것이 없고, 전에도 자주 그랬고 지금도 그렇다시피 회오리바람이 초원을 가로지르며 휘몰아쳐 와도 전혀 이상할 게 없는 것처럼 말이다. 이들이 들어선 동화 세계는 이들이 평범하게 살던 세상과 아주 달랐고, 이들 자신의 내면적 존재가 속한 통상적 세상, 이들의 내면 세상과도 아주 달랐다. 하지만 여기서 중요한 것은, 완전히 다른 그 세상으로 들어가기 위해 아주 먼 길을 갈 필요는 없었다는 점인 듯하다. 꿈의 세계에 들어가기 위해 먼 길을 갈 필요가 없는 것처럼 말이다. 꿈의 세계로 들어가려면 그냥 잠이 들면 되고, 기억의 세계로 들어가려면 그냥 생각의 시선을 뒤로 돌려 과거에서 그 기억이 떠오르게 하면 된다.

오히려 동화의 세계가 이들을 찾아냈다고 하는 것이, 일상 세계의 일상생활 한가운데서 이들을 찾아냈다고 하는 것이 더 정확한 표현일지 모르겠다. 마치 깊이의 차원이 2차원의 평면

표면에 충돌하는 식으로 동화의 세계가 일상의 세계에
충돌하는 것 같다. 그래서 그 평면이 가령 빅토리아 시대의
어느 집 거실이든 캔자스주 농장이든, 거기에는 동화 세계의
출입구가 되지 못할 지점이 전혀 없다. 일상을 통해 그 특별한
세상으로 들어가는 것이다. 지금까지 수천 번도 더 본 어떤
것이 갑자기 난생처음인 듯 보인다. 벽난로 선반 위 거울이
그랬고 침대 휘장이 그랬던 것처럼. 더 나아가, 동화에서 어떤
사람이 한 세계에서 다른 세계로 실제 들어가는 광경을
묘사할 때, 이 사람이 우리들 대다수에 비해 색다른 외양,
이를테면 나무꾼이나 아름다운 처녀의 모습으로 그 세상에
들어가긴 해도, 이들은 대개 우리와 다를 바 없이 갑자기,
대개는 아무런 예고도 없이 완전히 다른 세상의 어렴풋한
경계에 와 있는 자기 자신을 발견하게 된다. 사업이 망한
장사꾼이 아름다운 딸에게 주려고 장미꽃 한 송이를 집어
드는데, 갑자기 옆에서 야수의 무시무시한 목소리가 들린다.
숲에서 길을 잃은 남매는 뜻밖에 생강 빵으로 지은 집에
이른다. 고독과 절망을 친한 친구 삼아 살던 신데렐라에게
노파가 찾아와 호박을 황금마차로 탈바꿈시켜 준다.
각 경우에, 기이한 세상이 열리는 건 그 세상이 열리기를
선택할 때이며, 주인공들이 그 세상에 들어서면 이들이 속한
내면 세상과 이들이 평범하게 살던 외부 세상에서는 도저히
일어날 수 없는 일들이 일어난다.

이들이 일단 들어섰을 때 이 세상 자체는 어떤 모습인가? 가장 먼저, 이 세상은 어둠과 위험과 모호함으로 가득한 세상이라고 말해야 할 것이다. 루시의 오빠 에드먼드가 루시처럼 옷장을 통해 나니아에 들어섰을 때 가장 먼저 본 것은, 깊이 쌓인 눈 사이로 순록들이 썰매를 끌고 있고 얼음장 같은 통치로 그 나라 전체를 다스리는 여왕이 모피를 두르고 죽음처럼 창백한 얼굴로 그 썰매에 앉아 있는 광경이다. 사나운 용이 보물을 지키고 있고 못된 요정이 왕실 세례식에 나타난다. 길을 잘못 든다는 것은 곧 숲 한가운데서 영원히 길을 잃는다는 의미이고, 상자를 잘못 고르거나 문을 잘못 열면 끔찍한 대가를 치러야 한다. 이 세계는 음험하고 위험한 탐구의 세계로, 왕의 딸과 결혼하려는 남자는 죽음과 경쟁하여 패배자가 되고, 젊은 왕자는 백 년 동안 잠들어 있는 공주를 찾아다니며, 허수아비와 양철 나무꾼과 사자는 자신들을 완전하게 만들어 줄 마법사를 찾아 먼 길을 가고, 길을 가던 중 이들은 큰 위험을 만난다. 좀체 정체를 알 수 없기에 이는 훨씬 더 큰 위험이다. 이것이 바로 동화 세계의 또 한 가지 특징이다. 아름다운 여왕은 사실 변장한 마녀이고, 황금 상자의 뚜껑을 여는 것은 파멸로 가는 길이다. 동화의 세계에서는 악만 변장하고 나타나는 게 아니라 선도 변장하고 나타난다. 빵을 나눠 달라고 하는 그 키 작은 백발노인이 생과 사의 권력을 손에 쥔 마법사일 거라고 누가 짐작이나 했겠는가? 《리어왕》을 다시 한번 생각해 보자. 이 작품은 그 자체가 일종의 동화로, 못된 자매 둘과 착한 동생 하나가 등장한다. 세 개의 반지 혹은 세 개의 상자처럼, 세 사람이 저마다의 말로 늙은 왕인 아버지를 얼마나 사랑하는지를 표현해야 한다. 리어왕의 세상에서, 화려한 의상을 입고 돌아다니는 이는 고너릴과 리건 같은 악인들이고, 착한 사람들, 남을 불쌍히 여길 줄 알며 아무 죄 없는 사람들은 광대옷이나 거지와 광인의 누더기로 변장하고 돌아다닌다.

동화의 세상에서는 야수가 말을 하고 꽃들이 살아 움직이며 바닷가재가 쌍을 이뤄 춤을 춘다. 도무지 그럴 법하지 않은 일들이 일어난다. 주인공이 탐험 길에서 만나는 생물들에게 이런 일이 가능하다면, 주인공 자신이 어느 순간에든 야수나 돌이나 왕으로 변한다든가 주인공의 마음이 얼음으로 변하는 것도 가능하다. 무엇보다도 이 이야기들은 변신變身에 관한 이야기로, 마지막에는 모든 생물들이 자기 본연의 모습으로 드러난다. 미운 오리 새끼는 크고 흰 백조가 되고, 개구리는 왕자였음이 드러나며, 아름다우나 못된 왕비는 결국 가면이 벗겨져 모든 추함이 다 드러난다. 이 이야기들은 변신에 관한 이야기로, 동화에서는 절대 모든 등장인물들이 다 영원히 행복하게 살지는 않으며, 영원히 행복하게 사는 이들은 자기 안에 있는 최상의 모습으로 변모하는 이들이다.

미녀를 사랑하는 마음에 병이 난 야수가 자신의 정원에

누워 죽어 가고 있을 때, 그를 버리고 간 미녀는 불쌍한 마음에 다시 돌아와 말한다. 당신의 그 추한 용모에도 불구하고 나는 당신을 사랑하며 당신과 결혼하겠다고. 그리고 미녀가 반짝거리는 그의 코에 입맞춤을 하자 야수는 곧 왕족의 피가 흐르는 아름다운 청년이 된다. 《행복한 위선자THE HAPPY HYPOCRITE》에서 맥스 비어봄MAX BEERBOHM은 조지 헬경LORD GEORGE HELL이라는 방탕한 귀족에 대해 이야기한다. 여자를 밝히는 난봉꾼 조지 헬이 한 조신한 아가씨에게 반하고, 그 아가씨의 사랑을 얻기 위해 성자의 가면으로 자신의 험악한 모습을 가린다. 여자는 이에 속아 조지 헬의 신부가 되고, 두 사람은 행복하게 산다. 그러던 어느 날 조지 헬이 난잡하고 험하게 살던 시절 사귀던 못된 여인이 나타나 자신이 아는 조지 헬은 천하의 불한당이라고 폭로하면서 가면을 벗으라고 요구한다. 달리 방법이 없던 조지 헬은 서글픈 마음으로 가면을 벗는다. 그러나 아, 놀랍게도 성자의 가면 뒤로 보이는 건 성자의 얼굴이다. 사랑으로 성자의 가면을 쓰고 있음으로써 그는 어느 새 성자가 된 것이다. 허수아비는 위대하고 무시무시한 오즈에게서 뇌를 얻고, 사자는 용기를 얻으며, 양철 나무꾼은 심장을 얻는다. 한스 크리스티안 안데르센의 《장난감 병정THE STEADFAST TIN SOLDIER》은 안데르센의 작품 중 가장 음울한 내용을 담고 있는 것으로 손꼽히는데, 여기서도 변신한 주인공이라는 테마가 반복된다. 다리가 하나밖에 없는 데다가 연속되는

불운에 두드러 맞는 이 장난감 병정은 그럼에도 종이 인형에
대한 사랑이 얼마나 꿋꿋한지, 소년이 이 병정을 화로에 집어
던져 불길이 병정을 다 집어삼켰는데도 하녀가 잿더미에서
심장 모양의 양철 덩어리를 발견할 정도다. 좋든 나쁘든,
동화의 세상에서 변신은 완결된다. 여기서 우리는
요한계시록의 천사를 떠올리게 된다. 이 천사는 새 이름이
기록된 흰 돌을 각 사람에게 주는데, 이는 창세전부터 붙여진
참되고 감춰진 이름이다. 이런 이야기들을 도덕적으로나
풍유적으로 해석하는 사람, 혹은 성적 각성이나 오이디푸스적
갈등을 성공적으로 해결하는 일과 관계있는 듯 설명하는
사람은 너무 멀리 간 것이라기보다 오히려 충분히 가지 못한
것이다. 왜냐하면 이 이야기들이 우리에게 무슨 의미로
보이든(얼마나 성공적으로 보여 주는지 정도의 차이는 있지만),
이 이야기들이 서술하는 구체적 사건과 모험 그 기저에서 이
이야기에 진짜 힘과 의미를 부여해 주는 건 이 이야기가
생생하게 불러내는 그 가상의 세계이기 때문이다. 그 세계는
마법과 신비의 세계, 깊은 어둠과 깜박이는 별빛의 세계다. 그
세계는 끔찍한 일이 일어나고 놀라운 일도 일어나는 세계다.
그 세계는 선이 악과 맞붙고 사랑이 미움과 맞붙으며 질서가
혼돈과 맞붙는 세계며, 그 싸움이 너무 커서 누가 어느 편인지
확신하기 어려울 때가 많다. 겉모습은 우리를 무한히 속일 수
있기 때문이다. 하지만 그 모든 혼란과 난폭함에도 불구하고

이 세계는 선이 최후의 승리를 거두는 세상으로, 착한 사람은 그 후 오래오래 행복하게 살고, 결국에는 착한 사람이고 나쁜 사람이고 할 것 없이 모두 다 진짜 자기 이름으로 알려지는 세상이다.

동화가 우리에게 가장 큰 힘을 갖게 되는 것은 아마 동화의 이런 측면 덕분일 것이다. 즉, 동화의 세상, 우리가 속한 세상과 다른 그 세상에서는 경이롭고 불가능한 일이 진짜로 일어난다는 그런 느낌 말이다. 동화의 이 특성을 더할 수 없이 설득력 있게 말한 사람으로 현대 동화의 위대한 거장으로 손꼽히는 J. R. R. 톨킨JOHN RONALD REUEL TOLKIEN을 능가할 이가 없을 것이다. 톨킨은 동화에 대해 이렇게 말한다.

[동화는] 슬픔과 실패의 … 존재를 부인하지 않는다. 슬픔과 실패의 가능성은 구원의 기쁨에 없어서는 안 된다. 동화는 (원한다면 수많은 증거 앞에서) 등장인물 모두의 최종적 패배를 부인한다. … 기쁨을 잠깐 일별하게 하면서 말이다. 세상의 벽 너머에 있는, 슬픔처럼 통렬한 기쁨을.

좋은 동화의 특징, 좀 더 고급한 혹은 좀 더 완결성 높은 동화의 특징은, 그 동화 속에서 벌어지는 사건이 아무리 거칠지라도, 동화 속 모험이 아무리 환상적이거나 무서울지라도, 이를 듣는 아이나 어른에게 '순서'가 돌아오면, 숨을 죽이게 만들고, 가슴 두근거리게 만들며, 눈물 흘리기 직전으로

(혹은 실제로 눈물을 흘리게) 만든다는 것이다.
그 어떤 형식의 문학작품 못지않게 말이다.[10]

    동화의 세계에서 선과 악은 우리네 세상에서보다 훨씬 자주 맞부딪치고 훨씬 자주 싸우는데, 동화의 세계에서는 선한 사람이 그 후로 오래오래 행복하게 산다. 그것이 주된 차이점이다. 마법의 힘이 얼마나 큰지, 좀 덜 선한 사람도 그 후로 오래 행복하게 산다. 야수는 아름답게 변신하고, 겁 많은 사자는 용감해지며, 발이 크고 옷차림이 화려한 나쁜 언니들은 결국 잘못을 뉘우치고 용서받는다. 여기서 사실상 두 가지 불가능한 일이 현실이 된다. 주인공들의 행복이 필연적이기도 하고 무한하기도 하니 말이다. 톨킨의 표현을 빌리자면, 기쁜 일이 생기고, 그 기쁜 일이 생기는 동화 속 이야기는 만사가 감미롭고 가벼운 세계가 아니다. 디즈니랜드처럼 모든 게 티끌 하나 없이 유지되고 쓰레기는 밝은 거리 아래 지하 통로를 통해 멀리 버려지는 세상이 아니다. 기쁜 일이 생기는 그 세상은 오히려 우리 세상처럼 어둠이 가득하며, 기쁨이 발생할 때 그 기쁨이 슬픔만큼 날카로워 우리 눈에 눈물이 맺히는 것은 바로 그 때문이다. 우리 눈에 눈물이 맺히는 것은 그 기쁜 일이 그렇게 쉽사리 생기지 않았을 수도 있기 때문이고, 악인들에게는 기쁜 일이 일어나지 않기 때문이다. 그리고 어떤 이들에게는 기쁜 일이 일어나지 않는다는 바로 그 사실 때문에, 기쁜 일이 일어나는 세상에서 오래 오래 행복하게 사는 사람은 행복이 비록 필연적이고 무한하긴 해도 그 행복이 누구에게나 주어지지는 않기에 여전히 어둠이 존속하는 세상에서 그렇게 행복하게 살아야 한다. 은밀한 주술은 여전히 사람을 호릴 수 있고 나쁜 마녀는 번성한다. 톨킨의 작품《반지의 제왕》에 보면, 마력을 지닌 반지가 구덩이에 떨어져 파괴되자 거대 악도 궤멸되는 게 사실이지만, 선善의 보편적 승리는 여전히 호빗족의 꿈일 뿐이고 엘프족과 난장이들의 황금시대 후에는 인간의 비극 시대가 이어질 운명이다. 하지만 동화에서 벌어지는 기쁜 일에 우리가 흘리는 눈물은, 그럼에도 본질상 기쁜 눈물이다. 아무리 잠깐일지라도 우리가 일별한 것은 기쁨 그 자체요, 선의 승리는 아닐지라도 적어도 소망의 승리이기 때문이다. 나는 우리가 동화에서만 그 기쁨과 승리를 보는 건 아니라고 말해도 전적으로 공상은 아니라고 생각한다.

 어느 겨울 아침에 잠이 깨어 차양을 걷어 올리니 어제 저녁까지만 해도 있던 것들이 안 보인다. 흠뻑 젖은 회색빛 마당도, 마당의 개똥도, 얼어붙은 진흙땅의 타이어 자국도, 지난 가을에 미처 집 안으로 들여놓지 못한 부서진 접의자도. 밤새 이 모든 게 사라졌다. 하지만 내 눈에 보이는 건 나니아 나라의 눈이 아니라 고향의 눈으로, 나니아 나라 못지않게 반짝이며 하얗게 내린다. 땅은 온통 눈으로 덮였고, 눈은 침묵

속에 계속 내리고 있다. 침묵이 하도 깊어서 침묵의 소리가 들릴 지경이다. 눈은 삽으로 치워야 하고, 운전을 평상시보다 어렵게 만들고, 그래서 혀를 차고 욕하게 만든다. 그러나 내 안의 어린아이가 완전히 죽지 않은 한, 눈은 가슴이 더 빨리 뛰게 만들기도 한다. 방어 태세를 갖추기 전 그렇게 불시에 찾아와 놀라게 한다면 말이다. 눈은 내가 지금까지 알거나 꿈꾼 그 어떤 일보다도 멋진 일에 대한 기억을 일깨우기도 한다.

보이는 것을 그냥 보기만 하는 눈EYES 말고 그 이상의 뭔가를 아직 갖고 있다면, 세상은 동화와 마찬가지로 우리에게 이와 같은 것들을 언뜻 보여 줄 수 있다. 비의 냄새, 눈부신 햇빛 쏟아지는 물막이판자와 거기 드리운 양치류의 그림자와 빨랫줄에 걸린 빨래, 집 안에 촛불은 깜박이지도 않는데 밖에서는 사납게 몰아치는 겨울 폭풍우 등. 세상은 이런 것들을 일별할 수 있게 해 주고, 꿈도 때로는 그렇게 해 줄 수 있다. 깨어나면 잘 기억도 안 나지만 그래도 안 꾸는 것보다는 꾸는 게 더 낫다는 것을 알게 해 주는 꿈, 옛 상처와 실패를 지워 주고 일종의 치유를 시작하는 꿈, 벌써 몇 해 전 여름에 마지막 생일을 보낸 노인이 여전히 건강하게 살아 있는 꿈 등. 노인은 종이 모자를 쓰고 앉아, 마치 어제 만나고 또 만나는 것처럼 나를 향해 끄덕하고 인사를 한다. 노인의 죽음은 50센트짜리 시가에서 피어오르던 연기만큼이나 실체가 없었던 것으로 드러난다.

세상의 벽 너머에 있는, 슬픔보다 통렬한 기쁨이라니. 교회에서도 이 기쁨을 얼핏 보게 될 때가 있다. 비록 우리가 교회에서 기쁨을 너무 열심히 찾고 있는 탓에 오히려 교회가 도무지 기쁨을 누릴 수 있을 법하지 않은 곳이 되긴 하지만 말이다. 설교에서는 그다지 기쁨을 느낄 수 있을 것 같지 않다. 그래서 우리는 기도나 예배 의식에서 기쁨을 찾지만, 저녁에 합창단이 들려주는 모차르트 레퀴엠 같은 아주 우연한 것에서 기쁨을 발견할 때도 많다. 그리고 거기 우리의 친구 X박사가 있다. X박사는 종교에 관련된 일은 다 새들을 위한 일이라고 생각하는 사람으로, 후줄근한 셔츠와 몸에 꽉 째는 턱시도 차림으로 거기 바리톤들 사이에 서서 "주여, 우리를 불쌍히 여기소서, 불쌍히 여기소서"라고 새처럼 키리에*KYRIE*를 노래한다. 평일에 쭈글이 사냥개 얼굴 같던 얼굴은 아주 생기가 넘친다. 믿지도 않는 하나님 때문이 아니라면, 아무래도 하나님의 쌍둥이 형제 정도는 믿는가 보다. X박사가 무엇을 믿든 믿지 않든 그 순간만큼은 온 세상 그 무엇도 중요하지 않다. 키리에 엘레이손*KYRIE ELEISON*(주님, 우리를 불쌍히 여기소서), 크리스테 엘레이손*CHRISTE ELEISON*(그리스도여, 우리를 불쌍히 여기소서). 눈밭에 있는 것처럼, 꿈을 꾸고 있는 것처럼, 어떤 기억이 떠오를 때처럼, 동화를 읽을 때처럼, 가슴이 뛰고 눈물이 차오른다.

단지 책만 아니라 여기지기서 우리는 옛날 옛적에 그
사람들이 오래오래 행복하게 살았던 세상, 마법사가 용기를
주고 심장을 주며 천사가 참되고 감춰진 이름이 쓰인 흰 돌을
가지고 있는 세상을 일별한다. 이 세상을 일별하는 일은
귀찮게 굳이 해볼 가치도 없다고 할 만큼 우리가 그냥 무시해
버리기 쉽다. 그 세상을 보려 하는 건 감상적 생각일 뿐이다.
안이한 생각이다. 회피주의다. 이는 쟁점을 비켜가는
행동이요, 허세요, 유치한 짓이다. 그리고 우리는
기쁨이라고는 없는 장황한 기도에 아멘 해야 한다. 그 기도를
외우지 못하는 사람은 우리들 중에 하나도 없고, 또한 이 모든
것이 진리의 일부임을 알지 못하는 사람도 우리들 중에
하나도 없기 때문이다. 그러나 동화의 세상과 우리가 그 세상
여기저기를 흘긋거리는 일이 그저 꿈일 뿐이라면, 그 꿈은
세상이 꾼 꿈 중 가장 자주 마음속에 떠오르며 가장 강력한
꿈이며 우리가 속한 20세기 세상이야말로 어느 때보다 그
꿈을 많이 꾼 세상이다.

　우리가 엄청난 돈을 들여 달과 화성에 가는 이유는
무엇인가? 인간의 우주행과 관련해 이것도 알아야 하고
저것도 알아야 한다고 엄숙하게 말하는 온갖 이야기들이
들려온다. 러시아의 기선을 제압해야 한다고, 이런저런
목적을 앞세워 우주에 식민지를 세워야 한다고 말들 한다.
하지만 누구든 뭔가 아는 사람, 어떤 아이든 적어도 우리들

중에 있는 그 아이는 안다. 우리가 우주선을 쏘아 올리는 것은 혹시 거기 오즈의 마법사가 있을 수도 있기 때문이라는 것을. 별에서 들려오는 어떤 세미한 이야기를 포착하려고 하늘을 향해 설치하는 거대한 레이더에 우리는 심지어 동화에 등장하는 공주의 이름을 붙여주기도 하고, 이 일을 오즈마 프로젝트Project Ozma라 부르기도 한다. 오즈의 마법사 같은 존재들이 우주에 존재하는지 안 하는지, 우리가 비행접시에 매혹되는 것이 해의 동쪽과 달의 서쪽에 있는 완전한 존재, 치유력이 있는 날개를 달고 하늘을 떠다니는 그 위대한 만다라慢茶羅에 대한 갈망을 반영하는지 알기 위해 반드시 융Jung의 이론을 동원할 필요는 없다. 그 존재들이 어쩌면 이미 이 땅에 착륙해 우리에게 피라미드를 지어 주고 지혜를 가르쳐 주고 우리가 지금까지 배워 온 인간애를 가르쳐 주지는 않았는지 알기 위해 에리히 폰 데니켄Erich von Däniken 같은 의사고고학자나 스탠리 큐브릭Stanley Kubrick 같은 SF 영화 감독이 꼭 필요하지는 않다. 그 존재들이 어쩌면 우리와 통혼을 했을지도 모르고, 그래서 우리 핏줄에는 그 존재들의 피가 흐르며, 눈을 들어 먼 별을 바라볼 때면, 우리가 늘 어렴풋이 짐작했던 것처럼 지구보다는 그 별들이 우리 고향에 가까움을 안다는 걸 말해 줄 사람으로 말이다.

우리는 마음이 적당히 잠잠해지면 우리가 속한 세상의 혼란과 다중성을 단순히 반추하기를 멈추고 앨리스의 거울

같은 은빛 안개 쪽으로 주의를 돌려 그 안개를 통해 우리 안에 잠자고 있는 아름다움이 마침내 깨어나는 그런 세상으로 들어갈 수 있으리라는 소망으로 하루에 20분씩 명상을 한다. 우리가 네스호湖에 과학 탐험대를 보내는 것은 동화의 음울하고 기괴한 측면이 실제 존재하는 것으로 밝혀질 경우 동화의 행복한 측면 또한 실제 존재하는 것은 아닌지 혹시 모르기 때문이다. 나는 우리가 기괴한 일들, 이를 테면 비의秘儀와 악마, 축귀逐鬼와 흑마술과 백상아리 같은 것에 온통 빠져드는 현상의 핵심에는 복된 것에 대한 갈망, 그 그림자가 자리 잡고 있지는 않은지 생각한다. 우리는 마치 잉그마르 베르히만INGMAR BERGMAN 감독의 영화 〈제7의 봉인THE SEVENTH SEAL〉에 등장하는 기사騎士와 비슷하다. 그 기사는 화형당하기 직전의 어린 마녀에게 너의 주인인 악마를 만나고 싶다고 말한다. 어린 마녀가 이유를 묻자 기사는 말한다. "하나님에 대해 물어보고 싶어. 악마가 그렇게 대단하다면 분명히 알 거야."

제2차 세계대전을 소재로 영국에서 만든 한 영화가 생각난다. 런던 대공습 당시 공습감시원 두 사람이 한 건물 지붕 위에 앉아 있는 장면이다. 때는 밤이고, 적기가 머리 위로 날아다닌다. 폭탄이 쉴 새 없이 떨어지고 도시 대부분이 화염에 휩싸여 있다. 대공포 소리와 사이렌 소리도 들린다. 얼마 후 공방전이 잠시 소강상태에 이르자 감시원 하나가

동료에게 셰익스피어의 《템페스트 THE TEMPEST》에서 칼리반의 대사 한 대목을 읊어 준다.

> 겁내지 말아요, 이 섬은 시끄러운 소리로 가득 차 있어요.
> 즐겁게 해 주기는 하지만 해로울 건 없는 소리들과
> 달콤한 선율들로 말이지요.
> 팅팅 거리는 오만 가지 악기들이
> 귓전에서 윙윙대는 소리가 들릴 때도 있고,
> 내가 긴 잠에서 깨어나기라도 할라치면
> 나를 다시 잠들게 만드는 목소리가 들릴 때도 있어요.
> 그 잠 속에서 나는 꿈꾸었지요.
> 구름이 열리면서 엄청난 재물이 보이는 것 같았어요.
> 금방이라도 그것이 나에게 쏟아질 것 같은 순간에 잠이 깼지요.
> 다시 꿈꾸게 해 달라고 울부짖었답니다. 3막 2장 144-155행

땅에 뿌리박은 인물, 어둠의 자식인 칼리반은 다시 꿈꾸게 해 달라고 울부짖는다. 세상의 벽 너머에 있는 기쁨에 관한 꿈을. 그리고 아마겟돈 같은 전장 한가운데서 영국의 공습감시원도 그 꿈을 꾼다. 유치하고 회피주의적이고 불가능해 보일지 모르지만 우리 역시 그런 꿈을 꾼다. 물론 셰익스피어 자신도 그런 꿈을 꾸었다.《리어왕》이 우울한 동화인 것은, 마지막에 선한 사람들 모두가 자기의 참 이름을

수여받지만, 이들 모두가 그 후 오래 행복하게 살지 못하기 때문이다. 리어왕, 글로스터, 켄트, 광대, 모두 다 결국 상심하여 죽고, 코델리아는 자신의 군대가 싸움에서 승리했다는 소식이 간수에게 제때 전해지지 않은 탓에 터무니없는 사고로 목 졸려 죽고 만다.

하지만 생애 말년, 큰 비극의 시기를 겪은 뒤 셰익스피어는 진정한 동화에 좀 더 가까운 무언가로 방향을 튼다. 셰익스피어는 《심벨린CYMBELINE》이라는 작품을 쓰는데, 여기서는 무죄가 변호되고 옛 원수와 화해가 이뤄진다. 《겨울 이야기THE WINTER'S TALE》에서는 죽은 왕비가 사실은 죽지 않았던 것으로 드러나고, 잃어버렸던 딸 페르디타도 자신을 사랑하는 사람들의 품으로 돌아간다. 그러고 나서 셰익스피어는 《템페스트》를 썼는데, 이 작품에서는 도이칠란트호의 프란체스코회 수녀들을 익사시켰고, 늙은 리어왕에게 채찍처럼 내리꽂혀 왕을 실성하게 만들었고, 절망에 빠진 욥을 바늘처럼 찔러 대던 이 세상의 그 폭풍우가 프로스페로의 마법으로 잔잔해진다. 정의가 구현되고, 사랑하는 사람들이 재회하고, 왕국이 정당한 왕권을 지닌 자에게 회복된다. 그래서 어떤 면에서 이는 칼리반의 아름다운 꿈이 현실이 되는 것이요, 구름까지 닿는 탑과 화려한 궁전과 장엄한 사원을 거느린 이 세상의 폭풍우가 사실은 실체 없이 화려하기만 한 가장행렬로 드러나 허공으로

흩어져 흔적조차 남기지 않음을 말하고 있다.

렘브란트가 마지막으로 남긴 자화상, 세파에 찌든 늙은 화가의 얼굴이 어둠 가운데서 옅은 미소를 짓고 있는 그 자화상처럼, 생애 말년의 셰익스피어는 《리어왕》과 《맥베스 MACBETH》의 비극적 비전 저 끝에서 모습을 드러내면서 밤을 향해 금언을 전하는 것 같다. 어쩌면 너무 터무니없어서 도무지 참이라고는 생각할 수 없는 금언, 세상의 눈물 저 너머에 있는 세상의 웃음을.

헨리 워드 비처의 전기 작가는 비처가 외지로 출타할 때 주머니 한가득 보석을 가지고 다닐 때가 많았다고 한다. 사람들이 비처에게 보석을 주기도 했고, 비처의 취향을 아는 보석상들이 빌려 주기도 했으며, 비처는 이 보석을 가지고 가서 바라보고는 그곳 사람들에게 두루 나눠 줬다고 한다. 석류석, 묘안석, 진주, 심지어 사파이어와 에메랄드까지 일컬어 비처는 "나의 시들지 않는 꽃"이라 했고 "그 신비한 심연에서 나타났다 사라지는 색채를 어린아이처럼 들여다보기를 좋아했다"고 했다. 한번은 보석 하나를 들여다보며 말하기를, "보석의 이면에 영혼이 있어 표면에 번쩍이는 광선을 뚫어 보는 것처럼" 느껴지며 "모든 면에서 보석은 하나의 생명체로 보였다"고 했다.[11]

비처가 보석에서 본 것이 무엇인지, 그 반짝이는 심연에서부터 비처에게 빛을 보여 준 그 세상이 어떤

세상인지 사실상 뭐 궁금할 게 있을까 싶다. 여호와께서는
에스겔에게 말씀하신다. "네가 옛적에 하나님의 동산 에덴에
있어서 각종 보석 곧 홍보석과 황보석과 금강석과 황옥과
홍마노와 창옥과 청보석과 남보석과 홍옥과 황금으로
단장하였음이여. … 네가 하나님의 성산에 있어서 불타는
돌들 사이에 왕래하였도다."겔 28:13-14 성당이나 사원에 가 보면
성체가 모셔져 있는 높은 제단이 있는데, 그 제단에는
노설교자가 늘 주머니에 가지고 다니던 것 같은 보석들이
놓여 있다. 꼭 보석은 아니더라도 스테인드글라스에 햇빛이
비치면 보석처럼 보였고, 촛불도 너울거리며 살아 있는
보석처럼 보였다. 보석이나 스테인드글라스, 촛불이 거기 있는
것은 그 깊이와 광휘로 세상의 벽 너머에 있는 기쁨과
아름다움을 말해 주기 때문이다. 이런 것들은 그 자체로
동화의 세계인 복음의 세계에 대해 우리에게 말해 준다.[12]

    동화의 세계와 마찬가지로 복음의 세상도 어둠의
세상이며, 중요한 일들은 대개 밤에 일어난다. 아기는 밤에
태어난다. 아기는 어둠 속 어머니의 품에서 첫 식사를 하고,
역시 어둠 속에서 마지막 식사를 한다. 블라인드를 내리고,
계단에 육중한 발자국 소리가 들리는 순간, 어둑한 문간에
칼이 번득이는 순간을 놓치지 않으려 모두들 잔뜩 긴장한 채.
동산에서 그는 자기에게 입 맞추려 다가오는 얼굴을 거의
분간할 수 없었다. 그리고 6시부터 9시까지 해는 마치

성냥불이 꺼지듯 꺼졌고, 그래서 그는 태어나고 잠 깨었던 그 어둠과 똑같은 어둠 속에서 죽었다. 해가 이제 막 떠오르려 하는 새벽 미명에 겨우 몇 미터 앞바다에서 빈 그물을 뱃전으로 끌어올리고 있던 제자들은 석류석 같은 빛깔로 바람에 흔들리는 숯불 근처 모래밭에 그가 또 다시 맨발로 서 있는 것을 보았다.

동화의 세계에서 못된 자매는 마치 팜비치 PALM BEACH 의 결혼식 하객 같은 옷차림이고, 복음의 세상에서는 흥 깨는 사람, 사기꾼, 트집 잡기 좋아하는 사람, 늘 자기만 거룩한 체하는 사람, 사랑도 없고 즐거워할 줄도 모르고 아무 관련도 없는 사람이 대개 화려한 옷을 입고 바리새인, 외교관, 의원, 성직자 등으로 대표되는 약간 유럽적인 번드르르한 직업을 갖고 두루 돌아다닌다.

게걸스러운 이리들이 양의 탈을 쓰고 다닌다. 그런데 선한 사람들, 어쨌든 잠재적으로 선한 이들이 하나님께 구원받을 가능성이 있는 것은 자기가 다른 누군가에게 구원받을 가망성이 없다는 것을 알기 때문 아닌가? 이들은 시내의 매춘부, 마을의 술주정꾼, 지독한 세무서 직원의 외양으로 돌아다닌다. 그게 바로 자기 모습이니까 말이다. 예수는 천국에서 누가 가장 큰 자냐는 질문을 받고 무리들 속으로 들어가 볼이 빵빵할 만큼 풍선껌을 가득 물고 무엇이든 어린아이의 눈에 가득 차 있을 만한 것으로 두 눈이 가득 차 있는 한 아이를 안아 올리며 말한다. 너희가 이 아이와 같이 될 수 없다면 귀찮게 질문하지 말라고.

그 나라의 왕인 그분 자신에 관해 말하자면, 도대체 누가 그분을 알아보겠는가? 그분은 고운 모양도 없고 풍채도 없다. 입고 있는 옷은 떨이 판매대에서 고른 옷이다. 몇 주 동안 면도도 못했다. 그분에게서는 곧 죽을 운명의 냄새가 난다. 우리는 그분의 거지 행색을 너무 오래 낭만적으로만 묘사해 왔다. 그래서 그분의 행색에 당시 사람들이 아연실색했다는 사실은 세례 요한의 제자들이 던진 소름끼치는 질문에서 짐작할 수 있을 뿐이다. 그들은 "오실 그이가 당신이오니이까" 마 11:3라고 묻는다. 그리고 빌라도도 "네가 유대인의 왕이냐" 마 27:11고 묻는다. 맞지도 않는 바지 차림에 입술은 다 갈라진 네가? 저들이 그분 머리 위편에 못 박아 건 명패에는 이 조롱의 말이 3개 국어로 적혀 있었다. 무슨 말인지 몰라 못 웃는 사람이 없도록 말이다. 블랙코미디가 따로 없다.

그러나 복음이라는 동화의 전체 요점은 당연히 그 모든 상황에도 불구하고 그분이 왕이라는 사실이다. 개구리가 왕자로 변하고 미운 오리 새끼가 백조로 변하고, 빵을 나누어 달라고 하던 키 작은 백발노인은 사람을 죽이고 살릴 수 있는 힘을 지닌 위대한 마법사임이 드러나고, 장난감 병정이 불 속에 던져짐으로 해서 병정의 사랑은 불길도 견뎌 낼 수 있음이 증명된다.

복음에는 그림 형제의 동화 못지않게 많은 위험과 어둠이
등장한다. 하지만 무엇보다 먼저 거기에는 기쁨도 함께
등장한다. 어둠도 이기지 못하는 빛이 세상으로 뚫고
들어온다는 이 동화에는 말이다.

그것이 복음이다. 어둠과 빛이 만나는 것, 그리고 빛이
최종 승리한다는 것. 그것이 복음의 동화다. 물론 다른 모든
동화와 결정적으로 다른 점이 하나 있는데, 그것은 이 동화가
사실이며 동화에서 말하는 일들은 옛날에 있었던 일일 뿐만
아니라 그 이후로 계속 일어나고 있고 지금도 여전히
일어나고 있다고 공언한다는 것이다. 복음이 지닌 원래의
힘과 신비로 복음을 설교한다는 것은, 어떤 방식을 찾아서
주장하든 복음이 말하는 '옛날'이 바로 이 시대, 지금이며,
우리가 살고 있는 이곳이 바로 한가운데서 보석처럼 빛이
반짝이는 어두운 숲이고, 그 후로 오래 행복하게 사는 이는 …
수고하고 무거운 짐 진 모든 자들, 누구든 가난하고 헐벗고
비참한 자들임을 주장하는 것이다.

빌라도는 담배 연기를 날려 자기 앞에 서 있는 인물을
가린다. 사라는 처음 킥킥거리며 웃고는 앞치마로 입을
가리며 기침을 하는 척하려 한다. 욥은 두 팔에 고개를 파묻고
탁자에 앉아, 원래 자녀들이 앉아 있어야 할 빈 의자에서 애써
시선을 돌린다. 가여운 비처 노인의 손이 미끄러지면서
윗입술에서는 피 한 방울이 배어 나오고, 비처는 거울에 비친

자기 모습을 물끄러미 바라보면서 몇 달 전 했어야 할 강의에 대해, 오랜 친구의 아내 리브 틸턴LIBBY TILTON에 대해, 주머니 속 작은 지갑에 들어 있는 세공 전의 토파즈와 진주 몇 개와 묘석에 대해 생각한다. 설교자는 강단으로 오르다 넘어지지 않으려고 검정 가운의 매듭 하나를 꼭 움켜쥐고, 고등학교 수학 교사는 엄지손톱으로 주보 한가운데를 빳빳하게 접는다. 옛날 옛적은 이들의 시간, 이들 모두의 시간이다. 이들은 그 후 오래오래 행복하게 사는 사람들이다. "세상의 벽 너머에 있는, 슬픔보다 통렬한 기쁨"이 세상의 벽을 뚫고 들어오며, 룸펠슈틸츠킨▶RUMPELSTILTSKIN처럼 악은 그 정체에 이름이 지어짐으로써 격퇴되고, 세계 자체는 참되고 거룩한 이름을 받으며 대장 마법사는 자기 자신에게 그 이름을 붙인다.

청중에게 선포해야 할 엄청난 이야기를 지닌 설교자는 설교 순서가 되자 엄청난 우화 작가로서 자리에서 일어선다. 가장 고귀하고 가장 대단하고 가장 거룩한 의미에서 복음의 진리를 말하기 위해서 말이다. 이것이 설교자의 직무이지만 그는 대개 이 일을 겁낸다. 자신이 선포해야 할 진리가 마치 동화처럼 구름 잡는 이야기로, 너무 좋아서 진실일 수 없는, 꿈에서나 가능한 이야기로 들리기 때문이다. 그래서 설교자는

▶ 독일 민화에 등장하는 난장이. 룸펠슈틸츠킨에게 첫 아들을 주겠다는 조건으로 도움을 받아 왕자의 아내가 된 방앗간집 딸이, 아들을 내어 주어야 하는 곤경에서 벗어나기 위해 시종의 도움으로 그의 이름을 알아맞히자 화가 나서 사라졌다는 이야기.

우화 작가보다는 변증가의 입장이 되어, 그 이야기를
잘라내고 다듬어 세상 사람들이 쉽게 씹어 삼킬 수 있을 만한
크기로 만들려 최선을 다한다.

    물론 너무 좋아서 진실일 수 없다는 말에는 진리를 보는
시각이 담겨 있다. 이 말이 진리가 나쁘다는 뜻이 아님은 굳이
말할 필요가 없을 것이다. 다만 진리는 너무 방대하고 일정한
형태가 없고 무작위적이기 때문에 어떤 형용사의 힘으로도 그
의미를 제한할 수 없다는 뜻일 뿐이다. 진리란 게, 사실이란 게
바로 그렇다. 진리는 소리를 켠 TV 뉴스, 그리고 그 소리와
함께 들려오는 다른 모든 소리다. 집 안에서 들리는 소리,
길거리에서 들리는 소리, 동네에서 들리는 소리, 마을에서
들리는 소리, 세상에서 들리는 소리, 우주에 있는 수천수만
세계의 소리, 우주 자체의 위대한 침묵과 공허에서 들리는
소리 등. 진리는 설교자가 설교 원고를 쓰려고 책상 앞에 앉을
때 설교자 내면에서 샘솟는 모든 소리다. 은행에 내야 할
갖가지 청구서 소리, 아이들 교육비 소리, 손봐야 할 덧창
소리, 설교자 자신의 실책과 성공, 설교자의 정욕과 기억과
꿈과 의심의 소리 등, 기본적으로 생각해 볼 때 설교자에게
진리의 소리는 고상하고 대단하고 거룩하기보다는
현실적이고 직접적이고 떠들썩하게 여겨지는 경향이 있다.
그래서 설교학은 변증학이 된다. 설교자는 세상에서 시끄럽게
들려오는 다른 모든 진리를 몰아내는 것이 아니라, 너무

좋아서 사실일 수 없는 동화의 진리를 그 다른 진리들과 모종의 조화를 이루는 진리로 바꾸어 버린다. 진리를 세속의 용어로 표현하여 합리적으로 이해되게 만든다. 설교자는 진리를 각색하여 시대적 의의를 갖게 만든다. 설교자는 진리에서 신화적 요소를 제거하여 신빙성 있게 만든다. 그렇게 해서 복음이라는 동화에서 남는 것은 설교자의 손에서 《오즈의 마법사》를 닮지 않은 동화가 된다.

MGM에서 만들어 낸 영화 덕분에 줄거리는 누구나 다 안다. 양철 나무꾼, 사자, 허수아비, 그리고 한 아이가 위대한 마법사를 찾아 노란 벽돌길을 따라 먼 길을 간다. 이들은 이 마법사가 자신들 마음의 소원을 들어줄 거라 믿고 있다. 양철 나무꾼은 마음을 얻고 싶어 하고, 사자는 용기를 얻고 싶어 하고, 허수아비는 두뇌를 얻고 싶어 하며, 아이는 집으로 돌아가는 길을 알고 싶어 한다. 위험한 모험을 여러 번 무릅쓴 끝에 이들은 마침내 마법사가 살고 있는 에메랄드시에 도착한다. 그리고 몹시 인상적인 알현을 통해 마법사는 아름다운 여인, 무시무시한 짐승, 커다란 불덩어리 같은 여러 가지 모습으로 이들 앞에 나타나, 먼저 나쁜 마녀를 없애고 그 증거로 마녀의 빗자루를 되찾아 오기 전에는 아무 소원도 들어줄 수 없다고 말한다. 이들은 마법사의 지시를 따르는 과정에서 자기 목숨마저 잃을 뻔하지만 여하튼 간신히 빗자루를 되찾는 데 성공한다. 이제 소원을 들어 달라고

하려고 빗자루를 가지고 돌아오자 마법사는 이들에게 두 번째 알현을 허락한다. 알현 장면은 엄청나게 희비극적인 광경이다. 마법사는 이번에도 더할 나위 없는 영광을 입고 이들 앞에 나타나지만, 소원을 들어주지 않고 또 뒤로 미룬다. 이들의 분노와 지긋지긋함이 얼마나 컸던지 가림막이 치워지는 과정에 소동이 벌어지고, 가림막 뒤에서 마법사가 모습을 드러내는데 마법사는 아름다운 여인도, 무시무시한 짐승도, 불덩어리도 아닌 주름살투성이 얼굴에 머리가 벗겨진 자그마한 남자다.

마법사는 그의 실제 모습을 이들이 알지 못했을 때에만 이들에게 위엄 있고 아름다운 존재로 보였다.[13] 마법사의 진짜 모습이 뭔지 알지 못했을 때에만 이들은 마법사를 큰 신비와 권세로 여겨 그 앞에 절을 했다. 에메랄드시도 그저 에메랄드 빛깔 유리로 만든 안경을 통해서 보았기 때문에 에메랄드로 만든 것처럼 보였던 것으로 밝혀진다.

마법사의 마법은 가림막 뒤에서 조작해 낸 일련의 환상일 뿐이었던 것으로 드러난다. 다시 말해 이들에게는 자기 스스로 할 수 없는 일이 있었고, 그게 무슨 일이든 마법사에게는 그 일을 해 줄 수 있는 능력이 있다고 믿었는데, 그 믿음이 근거 없는 믿음이었음이 드러났다. "당신은 정말 나쁜 사람이에요." 도로시가 그렇게 말하자 마법사는 대답한다. "오, 아니다, 애야. 사실 난 아주 좋은 사람이란다.

단지 아주 나쁜 마법사일 뿐이지." 이렇게 위대하고 무서운 오즈는 도로시와 다를 바 없는 한갓 인간이고, 오즈가 도로시 일행에게 해 줄 수 있는 좋은 일은 인간의 한계 안에서 해 줄 수 있는 좋은 일뿐이다. 오즈는 이들이 진작 갖고 있지 않은 것은 줄 수 없다. 오즈가 이어서 이들에게 나눠 주는 선물은 바로 그런 의미에서의 선물이다.

    오즈는 톱밥으로 속을 채운 비단 헝겊 심장을 양철 나무꾼에게 주고, 핀과 바늘을 허수아비의 머리에 채워 주고, 받침접시에서 나온 음료를 사자에게 주어 마시게 하는데, 이것들은 마음과 두뇌와 용기를 상징하는 부적일 뿐으로, 이들은 지금까지 성실하게 이것을 추구해 왔고 또 나쁜 마녀를 물리침으로 해서 이것을 이미 획득했다. 이들의 믿음은 이들의 최고 모습을 있는 그대로 이끌어 냄으로써, 믿음은 그 자체가 목표지 상상할 수 없을 만큼 더 큰 목표에 이르는 수단이 아니었음을 입증한다. 마법사는 마치 숙련된 심리치료사처럼 이들이 자기 내면을 조정할 수 있도록 도와, 세상을 있는 그대로 대할 자세를 갖추게 해 준다. 하지만 마법사는 초월과 기쁨의 세상을 그들에게 열어 주거나 그들 내면에 만들어 줄 수는 없다. 아주 좋은 사람이기는 해도 진짜 마법사는 아니기 때문이다. 정신분석 치료를 잘 받은 사람들처럼 이들은 모두 옷을 잘 갖춰 입었다. 하지만 갈 곳이라고는 이들이 원래 늘 있던 곳밖에 없다. 이들이 자신을 위해, 그리고 서로를 위해 해 줄 수 있는 가장 좋은 일만이 곧 이들에게 가장 좋은 일이다. 도로시의 경우, 마법사는 도로시를 캔자스로 데려다 줄 계획으로 마련한 풍선을 도로시도 태우지 않고 너무 서둘러 이륙시켜 도로시를 완전히 실망시킨다. 하지만 이어지는 이야기에서 착한 마녀 글린다가 도로시의 곤경을 어떻게 해결해 주는지를 보면, 여기에도 똑같은 의미가 담겨 있다. 글린다는 도로시에게 말하기를, 네 자신은 몰랐지만 네가 처음부터 신고 있던 은색 구두가 너를 어느 때든 집으로 데려다 줄 수 있었다고 한다. 다른 세 친구와 마찬가지로 도로시도 자신의 목적을 이룰 수 있는 능력을 자기 스스로 내내 지니고 있었던 것이다.

《오즈의 마법사》의 작가 프랭크 바움L. Frank Baum은 이 모든 일이 일어나는 장章에 "위대한 사기꾼의 마술The Magic Art of the Great Humbug"이라는 제목을 붙이는데, 이는 아주 슬프고, 설득력 있고, 암시적인 제목이다.

《오즈의 마법사》는 속임수가 제거된 동화다. 그리고 이 동화에 담겨 있는 좋은 소식은, 열심히 성실하게 노력하고 친구들에게 도움을 좀 받으면 결국 기대를 이룰 수 있으며, 믿음은 그 자체가 보답이라는 사실이다. 믿음을 갖는 문제에서 가장 중요한 요소는 우리 자신이고, 이는 또한 가장 주된 마법이기도 하다. 도로시와 친구들이 마음의 소원을 다 이루는 한, 이는 자기 손으로 직접 이룬 일이며, 이에 따른 기쁨은 세상의 벽 너머에 있지 않고 그 벽 안에 있다.
이 동화는 1900년에 발표되었는데, 어떤 면에서 20세기에
복음의 동화가 될 무언가를 예시한다 해도 크게 무리는 아닐
것이다. 마법과 신비는 시들해졌다. 에메랄드시처럼, 문이
진주로 만들어졌고 벽이 벽옥과 마노와 사파이어로 장식된
도시는 너무 좋아서 현실일 수 없는 것으로 드러난다. 단,
스테인드글라스를 통해 그 도시를 보는 사람에게는 예외다.
도로시에게 집은 만사가 가능한 나라인 오즈의 나라가 아니라
낙타가 아무리 애를 써도 바늘귀를 통과할 수 없는 곳
캔자스였던 것처럼, 우리에게도 집은 기드온과 바락, 삼손과
입다가 멀리서 얼핏 본 나라가 아니라 그냥 집, 놀라울 것
별로 없는 바로 여기다. 세상을 구원하겠다고 약속하는 분에
대해 말하자면, 그분은 가장 풍성한 의미에서 좋은 사람임이
확실하지만, 가림막 뒤의 머리 벗겨진 작은 남자처럼
현실적으로 그분도 마법사라고는 할 수 없다. 그분의 선함,
그분의 사랑, 그분의 단순한 웅변은 우리 마음을 감동시키고
수세기에 걸친 우리의 어두움을 밝히지만, 그 모든 것에도
불구하고 우리와 우리가 사는 세상은 기본적으로 아무
변화 없이 여전하다. 그분이 때로 우리로 하여금 슬픔보다
통렬한 기쁨이 있는 세상을 꿈꾸게 만든다는 점에서 마법사라
하기에 충분하지만, 속으로 우리는 제아무리 거룩하고
귀중해도 그건 그저 꿈일 뿐이라고 믿는 경향이 있다.

그분도 알고 있다시피, 설교자는 자기 설교를 듣는 이들을 위해 고도의 마법이 제거된 복음, 깊은 신비가 그럭저럭 제어하기 쉬운 크기로 줄어든 그런 복음을 설교하는 경향이 있다. "구하라 그리하면 너희에게 주실 것이요 찾으라 그리하면 찾아낼 것이요 문을 두드리라 그리하면 너희에게 열릴 것이니."마 7:7 "진실로 너희에게 이르노니 만일 너희에게 믿음이 겨자씨 한 알 만큼만 있어도 이 산을 명하여 여기서 저기로 옮겨지라 하면 옮겨질 것이요 또 너희가 못할 것이 없으리라."마 17:20 "내 아버지께 복 받을 자들이여 나아와 창세로부터 너희를 위하여 예비된 나라를 상속받으라."마 25:34 "나를 믿는 자는 죽어도 살겠고."요 11:25 대단하고 기쁜 복음의 약속은 비교적 지키기 쉬운 약속으로 축소된다. 모든 이해를 능가하는 평화빌 4:7 참조는 누구나 이해할 수 있는 평화로 축소된다. 산을 옮길 수 있고 죽은 자를 일으킬 수 있는 믿음은 죽음이 삶을 종식시킬 때까지 그 삶을 감당할 만하게 만들어 주는 믿음이 된다. 영생은 사람의 선행이 어떻게 사람이 죽은 후에도 존속하는지에 대한 하나의 은유가 된다. "누구든지 나로 말미암아 실족하지 아니하는 자는 복이 있도다"마 11:6라고 예수는 말하며, 설교자는 자신이 생각하기에 우리를 실족시킬 만한 내용을 모두 복음에서 제거함으로써 실족을 막으려는 경향이 있다. 물론 설교자를 탓할 수는 없다. 그런 행동이 어느 정도까지는 옳기 때문이다. 설교자의

생각처럼 우리는 진실이라고 믿기에는 너무 과한 이야기들
때문에 실족하기도 한다. 우리는 어제 태어나지 않았다.
우리는 미주리 출신이다.

하지만 우리는 다른 어떤 곳 출신이기도 하다. 우리는 오즈
출신, 거울 나라 출신, 나니아 출신, 그리고 이 세상 출신이다.
우리가 한편으로 이 세상의 남자와 여자로 세상의 슬픈
불신앙을 공유하고 있다고 한다면, 그보다 더 깊은 부분,
우리가 꾸는 대부분 꿈의 출처인 다른 한편에서 마치 우리는
정말 어제, 혹은 거의 어제 태어난 것과 같다. 우리는 다 아직
어린아이이기도 하니 말이다. 얼마나 많이 잊고 소홀히
대했든, 우리 안에는 한 아이가 있으며, 이 아이는 동화가
어쩌면 진실일 수도 있다는 가능성을 전혀 믿으려 하지 않는
한편, 그 진실과 어느 정도 접촉을 하기도 한다. 블라인드를
당기니 눈이 내려 온 세상이 백색이고, 아이는 잠시 활기를
띤다. 대기에서 향기가 나고, 책갈피에서 노래 한 구절이,
오래된 사진 하나가 떨어지며, 복도에서 들려오는 누군가의
목소리에 가슴이 뛰고 눈에 눈물이 차오른다. 언제 어떻게
어둑함 속에서 뭔가가 밝아와 우리가 태어나기 전과 우리가
죽은 후의 시간을 일깨워 줄지 누가 아는가? 우리 내면의
아이가 사는 세상에는 너무 익숙하거나 너무 가망이 없어
우리 발밑에 깊은 숲으로 구불구불 이어지는 길을 열어 주지
못하는 일 같은 건 없다. 우리 발아래 그런 길이 열릴 때면,

우리가 사는 세상도 혹은 우리 안에 사는 세상도 완전히
우리의 집일 수 없다. 이것이 집일 수 없음은 도로시에게도
마찬가지였는데, 왜냐하면《오즈의 마법사》속편 격의
책들에서 도로시가 자꾸 오즈로 돌아가기 때문이다. 왜인가?
캔자스가 아닌 오즈에 자꾸 마음이 가고, 마법사는 사기꾼이
아니라 결국 모든 마법사 중 가장 위대한 마법사로 드러나는
까닭이다.

    그러므로 설교자는 이 점을 기억하고 우리에게 설교하되
우리를 세상의 남자 여자가 아니라 어린아이들로 여기고
설교할 일이다. 의외로 생각이 단순할 때가 많고, 평상시
우리가 자각하는 것보다 많이 굶주려 있고, 언제라도 믿을
준비가 되어 있고, 마법과 신비에 이미 접촉하고 있는
어린아이 말이다. "너희가 돌이켜 어린아이들과 같이 되지
아니하면 결단코 천국에 들어가지 못하리라"마 18:3고 예수는
말한다. 예수는 단순히 감상적으로 이 말을 하는 게 아니다.
설교자는 우리의 상상력을 확장시키고, 도무지 믿을 수 없는
이야기라 생각하게 만들며, 우리 입이 딱 벌어지게 만들어야
한다. 서글픈 농담이지만, 설교자가 그렇게 하지 않을 경우,
세상에 그렇게 하지 않는 사람은 거의 그 설교자 한 사람뿐일
것이기 때문이다. 예를 들어 과학자는 별들 중에 있는 지적
생명체에 대해 말하고, 빛의 속도로 움직일 때는 어떻게 해서
시간이라는 게 존재하지 않는지에 대해 말하며, 단순히

두뇌의 부수현상이 아닌 그 이상의 의식意識에 대해 말한다.
의사는 죽음 이후의 삶에 대해 진지하게 말하며,
신비주의자만 아니라 가정주부와 주식 브로커와 고등학교
3년생도 내면세계에 대해, 현실이 그보다 더 현실적인 또
하나의 현실에 투명하게 비치는 세계에 대해 말한다. 여기서
재미있는 것은, 무려 바울 같은 사람이 그리스도를 위해
어리석은 자가 되라 말하고, 무려 그리스도께서도 그리스도와
그 나라를 위해 어린아이가 되라고 말하는데, 모든 신비 중
가장 대단한 신비를 맡은 청지기로서 설교자가 마지막
순간까지 앞에 나서기를 꺼려하고, 신중하고, 조심스러우며,
못 말릴 정도로 성숙하고 지혜로울 때가 많다는 것이다.

    설교자는 진리를 말해야 한다. 설교자는 소리 버튼을 꺼서,
세상이 전하는 침묵의 소식이 우리 귀에 들리게 해야 한다.
그리하여 그 침묵 속에서 우리는 복음의 비극적 진실을 들을
수 있는데, 그 진실이란 하나님이 부재하시는 세상은 소리가
되울리는 어두운 허공이라는 것이다. 그리고 복음의 희극적
진실은, 하나님께서 자신의 부재의 심연 속으로 스스로
임재하시되 있을 법하지 않은 방식으로, 늙은 사라와
아브라함 같은 가능성 없는 사람들에게 임재하시며, 때가
오면 어쩌면 빌라도와 욥, 리어왕, 헨리 워드 비처, 그리고
여러분과 나 같은 사람도 눈물이 뺨을 타고 흘러내릴 때까지
포복절도할지 모른다는 것이다. 마지막으로 설교자는

희극이라는 수단으로써 이 압도적 비극을 설교해야 하며,
빛으로써 어둠을, 특별함으로써 평범함을 설교해야 한다.
너무 좋아서 사실일 수 없는 이야기로 말이다. 이건 사실일 리
없다고 일축해 버린다면 이는 그 이야기의 그 숨결, 눈물에
가까운, 아니 눈물과 동반되는 그 가슴 뜀과 가슴 벅참까지
놓치는 것이다. 내가 생각하기에 그 숨결, 그 가슴 뜀,
그 가슴 벅참이야말로 진리에 대해 우리가 지니는 가장
심원한 직관이다.

주註

1. Lyman Abbott, *Henry Ward Beecher* (Hartford: American Publishing Co., 1887), p. 210.
2. Frederick Buechner, *Open Heart* (New York: Atheneum, 1972), pp. 97-101.
3. Herman Melville, *Moby Dick* (New York: Random House, 1930), p. 68.
4. *Ibid.*, p. 282.
5. W. H. Gardner and N. H. MacKenzie, eds., *The Poetry of Gerard Manley Hopkins*, 4th rev. ed. (London: Oxford University Press, 1967), pp. 51-63.
6. Stephen Crane, *War Is Kind* (New York: Stokes, 1899), p. 56. 〈당신은 참으로 옳습니다, 주님〉 1-2연의 내용이다.
7. Gardner and MacKenzie, eds., p. 106.
8. *Ibid.*, p. 107.
9. C. S. Lewis, *The Lion, the Witch, and the Wardrobe* (New York: Collier Books, 1975), pp. 5-7.
10. J. R. R. Tolkien, *The Tolkien Reader* (New York: Ballantine, 1966), pp. 68-69.
11. Lyman Abbott, pp. 198-201, and Paxton Hibben, *Henry Ward Beecher* (New York: Readers' Club Edition, 1942), p. 178.
12. 이를 좀 더 광범위하게 논의한 글로 Aldous Huxley, *The Doors of Perception and Heaven and Hell* (London: Penguin Books) 84-89페이지를 보라.
13. 이 내용에 대해서는 Michael Patrick Hearn, *The Annotated Wizard of Oz* (New York: Potter, 1973)의 신세를 졌다. 특히 15장에 관한 주해를 보라.

진리를 말하다: 비극으로, 희극으로, 동화로

프레드릭 비크너 지음 | 오현미 옮김

2018년 7월 3일 초판 1쇄 발행

펴낸이 김도완	**펴낸곳** 비아토르
등록 제406-2017-000014호	**주소** 경기도 파주시 문발로 197 102호
전화 031-955-3183	**팩스** 031-955-3187
이메일 viator@homoviator.co.kr	

편집 이여진	**디자인** 이파얼	
제작 제이오	**인쇄** (주)재원프린팅	**제본** (주)정문바인텍

ISBN 979-11-88255-15-3 03230   **저작권자** ⓒ 프레드릭 비크너, 2018

이 도서의 국립중앙도서관 출판예정도서목록(CIP)은 서지정보유통지원시스템 홈페이지(http://seoji.nl.go.kr)와 공동목록시스템(http://www.nl.go.kr/kolisnet)에서 이용하실 수 있습니다.(CIP제어번호: CIP2018018423)